識学
安藤広大
Kodai Ando

パーフェクトな意思決定

「決める瞬間」の思考法

Perfect Decision Making

ダイヤモンド社

頭のいい人が
いつも正しいとは、
限らない。

「**検討します**」という言葉で、
逃げようとすることがないだろうか。

「検討します」と言うとき、どんな心境だろう。
「**勇気**」が出ないだけかもしれない。
「**いい断り文句**」を考えているだけかもしれない。

だから、「検討します」と言いたくなる。
その言葉が自分に跳《は》ね返ってくることも知らずに。

いま決められない人は、
10年後も決められない。

本書が教えるのは、
「正しい意思決定の方法」ではない。

もっと本質的な「**パーフェクトな意思決定**」だ。

意思決定というと、「固い意思を持つこと」のように思われる。

それは違う。

むしろ、逆だ。

意思決定は「石のように固いもの」などではない。

「石」より「**水**」**に近いイメージ**だ。

水というのは、
時に「固い氷」にもなり、
「柔らかい水」に戻ることもできる。
とてもしなやかな存在だ。

そんな水のようなスタンスが、**意思決定の本来の姿**である。

本当に優秀な人は、「**間違えたことを認める**」ことができる。

自信満々に「間違いない！」と言い通すことが優秀さではない。

「私はA案だと思う。とはいえ、A案にはデメリットもあるし、失敗するかもしれない。しかし、それでもA案にします」

ということを、**正直に堂々と言えるか。**

人は間違える。
この世に、つねに正しい人はいない。

誰でも失敗を犯す。
それに、人は時間とともに考えを変える。

それなのに、なぜ、過去と同じ考えを持ち続けないといけないのか。
矛盾《むじゅん》が生まれることを責められるのか。

水のように、しなやかな意思決定こそが大事なのだ。

「意見を変えない人」は、強そうに見える。

けれど、**じつは弱い。**

「意見を変える人」は、弱そうに見える。

けれど、**じつは強い。**

その本質を知ることで、誰でも勇気ある決断が可能になる。
それが本書で伝える「パーフェクトな意思決定」だ。

そして、そんな意思決定ができるビジネスパーソンを
1人でも多く増やしたい。

意思決定のスキルは、あなた自身を助けてくれる。

なぜなら、「検討します」と言った案件によって、
頭の中はいっぱいになり、
手がふさがっている状態になってしまうからだ。

それが、あなた自身をどんどん蝕《むしば》んでいく。
多忙な日々から逃れられなくなっていく。

そんなあなたに意思決定は余裕をもたらす。

そのために、「**箱**」を用意しようと思う。

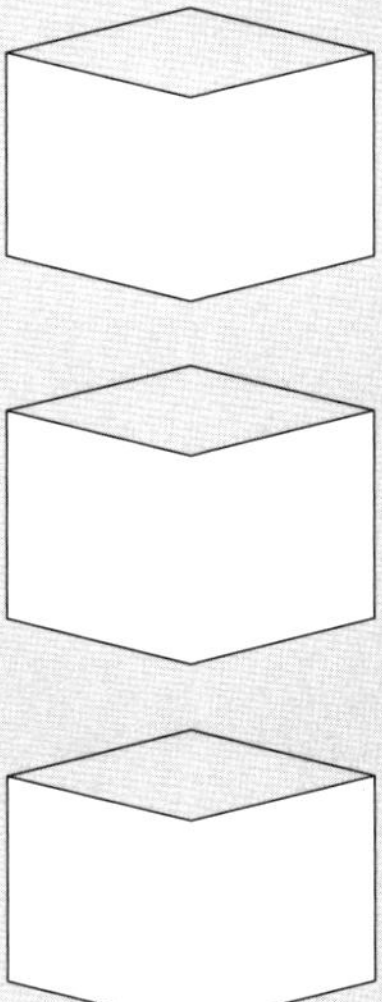

本書では、意思決定のための「**3つの箱**」を授ける。

その箱に、抱えている問題を入れることで、頭の中はスッキリし、
身軽になれる。
目の前のことに100%集中できる。
箱についての説明は、ぜひ本文を読んでほしい。

さあ、誰もが気軽に意思決定ができ、

誰もその決断を責めない、

そんな世界になることを願って。

パーフェクトな意思決定

安藤広大

はじめに

――「決める人」がすべてを手に入れる

はじめまして。

株式会社識学《しきがく》という会社の代表を務める安藤広大と申します。

私はこれまで、「識学」というマネジメント法を通して、多くの組織の問題を解決してきました。

「識学」という考え方では、組織内の誤解や錯覚《さっかく》がどのように発生し、どうすれば解決できるか、その方法を明らかにしています。

２０２４年9月時点で、約４４００社の会社が識学を導入しています。

この本は、そんな識学メソッドを元に、「決める瞬間」の思考法を教えます。

その方法が必要なのは、経営者のように、会社の重大な意思決定をする人だけに限りません。

中間管理職やチームリーダー、さらには、未来のリーダーを担うプレーヤーや若手社員……、つまり、「**誰かと一緒に働いている**」**という人**すべてに役に立つメソッドです。

最初に、「意思決定」のスキルを使い、確実に成果を出し続ける人の特徴を紹介しましょう。

〝自分の責任に応じて、意思決定ができること。
決めたことに対して100％実行すること。
つねにいい結果を出そうとするのはもちろん、もしいい結果が出ないときは、最初の意思決定を疑い、次なる意思決定ができること。〟

これが本書の目指すゴールです。こうなれる人は、一生、活躍し続けられます。

本書の冒頭で述べたように、「固い氷」と「柔らかい水」の両方を併せ持つ、しなやかな決定を「**パーフェクトな意思決定**」と定義づけます。

そして、これがいかに簡単そうで難しいかを本書で実感することでしょう。

その「瞬間」を捉えよう

「意思決定」を扱う書籍の多くは、理論的すぎて難しいものが多いです。フローチャートやエクセルシートを使い、数学的に詳細な分析をおこなっている手法が目立ちます。

しかし、実際のビジネスの現場を思い返してください。

それらを用いる場面は、ほとんどないでしょう。

「決める瞬間」というのは、「瞬間」と言うだけあって、**1つの思考によっておこなわれる行為**です。

「意思決定」という言葉のイメージが硬いからか、つい、会社や人生の運命を左右する、大きな決断をイメージするかもしれません。

しかし、そんな一発逆転の場面は、そう滅多に起こらない。

リアルな現場では、日々、**「ちょっとした選択」があるだけ**です。

それが少しずつ積み重なって、大きなことを成し遂《と》げられるのです。

これは、「どの会社に入るかが大事なのではない」のと同じです。

第一志望のA社と第二志望のB社があるとします。

念願のA社に入って満足してしまい、ダラダラ過ごす10年を送るか。

希望ではないB社に入って「このままではダメだ」と思い、1日1日を大切に過ごす10年を送るか。

その10年間は、取り返しのつかない差を生み出します。

どんな会社であっても、日々、1つ1つ成長に結びつくような選択をすることのほうが大事です。

トレーニングジムやパーソナルトレーナーを取替え引替えしても、筋肉がつくわけではない。

そんな現実と向き合うことを前提にした、意思決定の方法をお伝えします。

意思決定は、**実用的でないと意味がありませんし、誰もが身につけないといけない**ということです。

前に進む人、立ち止まる人

まず、「意思決定」のイメージを大づかみしておきましょう。

遊園地にあるような「巨大迷路」の入り口に立っている状態をイメージしてください。

入ってすぐに「右か、左か」の分岐点があります。

ある人は、すぐにどちらかを選んで進んでいきます。

しかし、ある人は、その分岐点で立ち尽くしてしまいます。

前者は、「**行ってみないとわからない**」と思うから**体が動く**。

一方で後者は、「**行き止まり**」**への恐れがあるから動けない**。


誰もが、一度も行き止まりにぶつからずにスマートにゴールに辿《たど》り着きたいでしょう。

行き止まりから「引き返すこと」をムダでカッコ悪いなどと思ってしまうのです。

もしかすると、天才的な運を持った人は、「こっちから風が吹いている」という感覚によって、一発でゴールに着くかもしれません。

けれど、多くの人は、そうではないでしょう。

一度も行き止まりにぶつからずにゴールに辿り着く人なんてほとんどいません。


つまり、「**右か左かを早く決めて進んでみないとわからない**」ということ。


これが、あなたにまず感じてほしい「意思決定」の大まかなイメージです。

とはいえ、やみくもに進めばいいというわけではない。

そこにはちゃんとロジックがあるので、詳しくは本文で語りましょう。

「正解」は1つではない

「意思決定」のスキルは、あらゆる場面で求められます。
それは、時代背景もあります。

たとえば、どんな仕事をして、どんな会社を選び、何歳で結婚して、あるいは独身のまま、家を買うか借りるかして、老後をどう過ごすのか。
これらに1つの正解はありません。
なんとなく「みんなと同じもの」を選んでいた時代とは異なります。

つねに選択肢が目の前にあり、そのときに自分で決めないといけない。

「私は、大学を中退し、時計職人の道を選び、35歳までには結婚し、家は賃貸で、老後も働いて暮らしていきます」

その選択について、「本当にそれでいいの？」と、他人から何かを言われるかもしれない。たしかに、うまくいかないこともあるかもしれない。

しかし、**その可能性も含めて、「意思決定」をしないといけない時代**です。

そのマインドセットや方法論は、一生、使えます。

その都度、考える必要がある

さらに言えば、過去のやり方さえも通用しなくなります。

「あのときは○○でよかった」という判断は、時間が経ったり、環境が変わることによって古びます。

その都度、そのタイミングで、限られた情報の中で「**これが最善だ**」と思う意思決定をしなくてはなりません。

その方法は、学校や親が教えてくれるわけではありません。

小学生、中学生、高校生くらいまでは、先生が言っていることや教科書の内容を暗記してテストで再現してみせる。

それが優秀さでした。

しかし、もう違います。

時代が違いますから。

もはや、長いものに巻かれる時代ではありません。


前提を疑う。

別のプロセスを試してみる。


その積み重ねによって、大きな成果を出す時代です。

誰かが決めたことではなく、自分で考えて意思決定をすること。ひいてはそれが、「**誰かに従う人生を生きてはいけない**」ということでもあるのです。

「小さな修正」が大きな差を生む

決めることができる人は、じつは逆説的に「リスク」を回避できます。

なぜなら、これまでのやり方がうまくいかないとき、**自分の考え方によって、次の一歩を踏み出せるからです。**

その判断軸を持っていることには資産のような価値があります。

一方で、「意思決定が大事だ」ということを言うと、こんな勘違いをされることがあります。

「最初に決めたことをずっとやり続けないといけないのか……」

そう思い込んでしまう人が多くいます。

それは「**見せかけの意思決定**」です。

一度うまくいったことでも、環境や条件が変わると、うまくいかなくなることもある。

そのときに、「いや、前にそう決めたから」と、固執《こしつ》するのか。

それとも、問題を直視して修正して、「**次はこうする**」と、新たな意思決定をするのか。

ここで、自分を変えることができずに、「変なプライド」が出てしまうと、その後、取り返しのつかない大きな差が開いてしまうのです。

個人の惰性《だせい》によって、

「同じことをやっていたい」

「現状維持をしたい」

「誰かにすべてを決めてほしい」

という気持ちに、**抗《あらが》えるかどうか**です。

絵を描くときの「下書き」を思い出してください。

最初から下書きの線を完璧に描ける人はいません。

「こうじゃないかな？」と、仮の線を書き入れ、消しゴムで何度も線を消しながら、徐々に本番の線を見つけていきます。

その姿は、**「しなやか」**で、それでいて**「堂々」と前に進んでいっている。**

最初から一発で本番を描かないといけないと思い込む人は、筆を持ったまま白紙の前で立ち尽くしてしまうのです。

「しなやかさ」を持つことで「パーフェクトな意思決定」は成立します。

その方法を本書で得てください。

「決めないこと」の誘惑

この世に生まれたときには、無限の可能性があります。

それは素晴らしいことです。

ただ、可能性を持ち続けることには**「デメリット」がある**のです。

たとえば、有名な話があります。

「今すぐ1億円がもらえます。ただし、明日には死んでもらいます。

さあ、それでも1億円を受け取りますか?

おそらく、誰一人として受け取りませんよね。

ということは、あなたの明日には1億円以上の価値があるということです」


この話は、きっと人生にとって「何が大事か」を教えてくれるでしょう。

そして、次の日に何をすべきか、1日1日をいかに大切に生きるべきかを説いてくれます。


ただ、多くの人は、その可能性を持ったまま、ダラダラと惰性に流されている。

だから、少し変化させて、次のように考えてみましょう。


「もし本当に1億円がもらえたらどうするか?」ということです。

おそらく多くの人がやることは1つでしょう。

「とりあえず貯金します」

この姿勢は、まさに「意思決定」の難しさを表しています。

貯金をしている状態は、じつは何も手に入れていません。

本当なら、1億円でできる体験がある。使いようによっては、それ以上の価値を生み出すこともできるかもしれない。
ただ貯金するのは、1億円の可能性を持ち続けているだけです。

それは、意思決定をせず、「検討します」という状態を続けるということ。
そして、その状態は、**残念ながら、「気持ちいい」のです。**
保留にして、可能性を持ち続けることは、どうやら脳を喜ばせてしまうようです。
そこで、理論的に意思決定のプロセスが必要になるのです。
そうでないと、**1億円を抱きしめたまま、年老い、死んでいくだけ**です。
この感情との戦い方についても、詳しくは本文で触れましょう。

リスクを考えすぎると何も言えなくなる

意思決定をしないと、可能性を抱えたまま身動きが取れず、何もできなくなるということです。

しかし、考えてみてください。

そもそも「言葉を発する」ということも意思決定です。


「その服、似合ってるね」

その言葉が、どう受け取られるかわからない世の中ですよね。

そこには、どうしたって、「リスク」があります。


喜ぶかもしれない。

嫌がられるかもしれない。

考えれば考えるほど、言葉を発するのは怖くなってくる。

かといって、常に沈黙しているわけにはいきませんよね。

もちろん、配慮は必要です。

ただ、必要以上に考えすぎて黙り込むことは、何も生み出さないのと同じです。

言葉を発するときのように、「**意思を持つ**」ということです。

ビジネスにおいては、言葉にすることで、何をしたいのか、どこに行きたいのかなどの「ゴール」が決まります。

目標が生まれ、そこまでの「不足」が発生し、それを埋めることを目指しはじめます。結果が出て、成功したり、失敗して反省したりできます。

それが成長につながるのです。

「意思を持つ」ということは「ちゃんと生きること」

逆に、「意思」を持たないとどうなるでしょうか。

「すべてを誰かに決めてもらう」ということです。

なんとなくやる。なんとなく結果が出る。

なぜ、うまくいったか。なぜ、失敗したか。

それを反省することができない。

なぜなら、「**自分の意思がないから**」です。

そもそも何をしたかったのか、ゴールがどこなのか。それをわかっていないから、振り返ることができません。

そうやって成長しなくなる社会人が、次々に生み出されてしまっています。

「意思決定」をすることによって、自分の仕事や人生の主導権が握れるのです。

正解でなくても、まず決める。それにより、前に進める。

その考え方を全員に身につけてほしい。

自分の人生を生きてほしい。

それが本書に込めた思いです。

もちろん、目の前のビジネスにも使えるノウハウです。

ただ、その目的としては、「**ちゃんと生きる**」ということがある。

これについては、あらためて本書の後半で触れましょう。

「誤解」や「錯覚」を取り除く思考

さて、ここまで述べてきたように、「意思決定」は、全組織人に共通して必須な概念です。私の著書には、

■プレーヤー向けの『数値化の鬼』
■マネジャー向けの『リーダーの仮面』
■さらに上の経営層向けの『とにかく仕組み化』

という組織のピラミッド階層に向けて書き分けた三部作があります。
本書の「意思決定」というテーマは、その三部作をタテに貫く概念として書いたつもりです。

その根底には、「識学」という意識構造学がベースにあります。

識学を学ぶことで、組織の中の「誤解」や「錯覚」が取り除かれます。

私たちは、同じ組織にいながら、別々の常識やルールを持っています。

同じ事柄を見て、同じ言葉を聞いても、認識にズレが生じてしまう。

たとえば、「お客さま第一で取り組もう」という言葉の定義ひとつでも、人によって解釈が異なってきます。

解釈がズレると、お互いの「良かれ」と思ってとる行動がズレるということです。

組織の衝突《しょうとつ》の原因は、そこに生じます。

そのズレを修正するために、多くの時間や労力がかかります。

だから、できる限り、ズレが発生しないようにするのが大事です。


もう一つは、「事実」に対する誤解や錯覚です。

世の中は「事実」どおりに進行していくのが大前提です。

しかし、事実に対して勘違いをしていると、どこかで必ず無理が生じて、その状態は長続きしません。

たとえば、「給料」を獲得するのは、どういう仕組みなのでしょうか。

「サービスを提供する」
←
「対価を得る」
←
「給料を獲得する」

これが事実です。しかし、

「給料を獲得する」
←
「サービスを提供する」
←
「対価を得る」

というように錯覚している人が多い。
会社に対して貢献をしていないのに、「給料をもらわないと頑張れない」と言い出す人がいます。

そんな人が増えると、会社は長続きしません。
会社が倒産するか、その人に辞めてもらわないといけない。
いまこそ、1人1人が意思を持って変わるときなのです。

さて、本書では、ビジネスや会社にはびこる誤解や錯覚を取り除きながら、「意思決定」の重要性を学んでいただきます。
これまでの私の本を読んでいただいた方には、さらに深く浸透することでしょう。

それでは、はじめましょう。

安藤広大

第1章

「正しい意思決定」という勘違い

――華麗なる「修正」

第2章

「よく考える」の正体

——問題の「解像度」

第3章

自分が決めない「聖域」

——情報の「ノイズ」

第4章

「勇気」としか言いようのないもの

——「不確実性」再び

序章

なぜ、「決めること」は恐いのか？

――「賛否両論」というマインドセット

世界一簡単な意思決定がある。

それは、他人の恋愛相談だ。

「好きな人がいます。告白したほうがいいですか？」

という相談をされて、「しないほうがいい」と言う人は限りなく少ない。

ほぼ、「したほうがいい」と答える。

なぜなら、それは、どこまでいっても「他人事」だからだ。

「自分で決める」ということ

誰だって、「優れた判断をしたい」と思うものです。

二択を突きつけられて、スマートに正解を出したい。

その欲望があるはずです。

ただ、ハッキリと決めることは、諸刃《もろは》の剣《つるぎ》でもあります。

間違うことは誰だって「恐い」ものだからです。

その一方で、他人の問題に口出しすることは、非常に簡単なことです。

「この提案書、どう思いますか？」

と同僚から聞かれると、思ったことを答えられるでしょう。

「もっと具体例を入れたほうがいいよ」
「感情に訴えかけたほうがいいかも」
「要点だけを端的に伝えてほしいと思う」……

言うは易《やす》し。こんなに簡単なことはありません。

それなのに、
「自分が提案書を書く」
「自分が提案する側に回る」
ということになると、**なぜ、こんなにも難しい**のでしょうか。

その問題について、序章で語っておきましょう。

「少数派」の意見

なぜ、自分で決めるのは、恐いのか。

それは、「**ほとんどの物事は、賛否両論で構成されている**」からです。

たとえば、次のような議題を考えましょう。

「会社に喫煙スペースを残すべきか？」

社会の風潮は、「無くすべきだ」というものでしょう。

しかし、1人でも喫煙者がいれば、「残すべき」とする意見が出てきます。

「喫煙所は貴重な雑談スペースになっている。社員同士のコミュニケーションの活性化のためにも、残しておくべきだ」

など、もっともらしい意見が出ます。

さらに、いま、「**多様性**」という言葉によって、少数派の意見は尊重される傾向にあります。

その結果、少数の喫煙者のために喫煙スペースが残ります。

その少数派の意見を無視し、

「**それでも喫煙スペースを撤廃《てっぱい》する**」

という意思決定をしたとしましょう。

それは、はたして独裁でしょうか。たぶん違いますよね。

ただ、これが別のテーマになった瞬間に、強い拒否感が出てきたりします。

「リモートワークをやめて出社を義務化するかどうか」

「社員全員の給料を一律に上げるべきかどうか」

「会社に子どもの託児所をつくるべきかどうか」……

さまざまな問題が、議論されていることでしょう。

反対されることがデフォルト

これから社会で生きる上で大前提となることは、先ほども述べたように、

「すべての物事は賛否両論だ」

というスタンスでいることです。

このことを押さえておきましょう。

あなたの決断には、必ず否定的な意見が出てきます。

「**必ず**」です。

そう思っておいて、ちょうどいいのです。

人間関係の例として、「友人関係」について考えてみましょう。

そもそも友達というのは、同じ価値観を持つことによって、関係性が出来上がりますよね。

ただ、あなたが好きなものをすべて、友達も同じように好きになる必要はあるでしょうか。

おそらく、それは無理です。**価値観の異なる部分を受け入れて、それでも、友達を続けていくこと**が求められますよね。

「ギャンブルが好きなところだけは認められない」

「恋人選びの基準が全然違う」

「家具選びのセンスがまったく合わない」……

など、「**この部分は違う**」ということを割り切ることができるはずです。

それができる人は、「パーフェクトな意思決定」の考え方をすんなり受け入れることができます。

ゼロヒャクで考えてしまう人

ただ、もしかすると、たった1つの価値観の違いによって、

「友達が友達じゃなくなってしまう」

「裏切られた気になってしまう」

というような不器用な人がいるかもしれません。

いわゆる「**0か100しか認めない**」**というゼロヒャクの考え方**をするような人です。


そういう人は、「パーフェクトな意思決定」への理解が遅いかもしれません。

おそらく考え方を変える必要があります。

だから、この序章は必要ない人には必要ない。読み飛ばしていただいても大丈夫です。「簡単には受け入れられない」という繊細《せんさい》さがあるのであれば、どうぞ読み進めてください。

「後出しジャンケン」をする人たち

賛否両論の「否」のほうからの視点を見てみましょう。

なぜ、「否」が存在するのか。

それは、**人は文句を言う生き物**だからです。

他人のことに関しては、ああだこうだと言いたくなる。そういうものです。

そして残念ながら、どんな物事にもメリットとデメリットが存在します。

理不尽な選択肢

友達と2人で食事に行くことを考えてみましょう。
その友達から、次のように聞かれました。

「和食にする？　洋食にする？」

それを受けて、あなたがどちらかに決めたとしましょう。

和食を選んだら、魚が新鮮ではなかった。
すると、「**洋食にすればよかったね**」と友達に言われた。

あるいは、洋食を選んだら、味付けが濃すぎて重たかった。
すると、「**和食にすればよかったね**」と言われた。

そんな2つの未来が待っているとしましょう。
どう感じるでしょうか。きっと腹が立つはずです。
そして、**「こんなの理不尽だ」**と思うはず。

では、どちらのお店にするのが正解だったと思いますか。
じつは、別にどちらも正解なのです。
そして、本当の正解は、**「その人の文句を無視すること」**しかない。

2人以上いると、それは組織です。
誰かが意思決定者であり、そうではないほうの人は、いくらでも文句が言える。
この現実からは逃れることができません。

「人を責める人」になってはいけない

決めるということは、残りの選択肢を捨てることです。

どちらかを選び、どちらかを捨てる。

選んだほうには、デメリットも含まれています。
捨てたほうには、メリットも含まれています。

それが当然です。

だから、その「**決めるときの苦しみ**」がわかる人になりましょう。

先ほどの食事の例なら、「**決めてもらった人は責める資格がない**」ということです。

「やっぱり和食がよかったね」と反省するのは、意思決定した人であって、「もうこのお店には行かない」ということを学習すればいいだけ。

決めた人を責めないということです。

そして、そういうことを当然と考える人を仲間として増やすのです。

組織にいるすべての人がそれを当然と捉えるような状態にならなくてはいけない。

そうすれば、誰だってチャレンジができるようになります。
組織内での失敗が恐くなくなっていくのです。

「決めた人を尊重する」という原則

多くの組織では、「決めた人」が文句を言われます。
「もっとこうすればいいのに」と言われてしまいます。
つまり、**「後出しジャンケン」ができてしまう**のです。

ここで、前項に続いて、もう一つの大前提があります。
それは、

「いつだって、決めた人を尊重する」

ということです。

チャレンジした人が偉い。

失敗した人が偉い。

それをここで宣言しておきましょう。

「後出しジャンケン」はスルーするしかないのです。

どんな人も、自分でいまの環境を選び、そこで与えられた状況があります。

その状況に不平不満を言っても、何も変わりません。

そこから先は、自分で決めるしかない。

そうやって腹をくくる方法を、本書では語ります。

ここまでの話で、先ほどの「二択の理不尽さ」に耐えられない人もいるでしょう。

そのために、文句を言う人が出てきてしまう生態について見ておきましょう。

「文句」はこうして増長する

組織の中で文句を言う人がいるとします。

それが「たった1人だけいる」という状態なら、そんなに問題ではありません。

ただ、**文句は人を同調させる**のです。


世の中、100%とは言い切れないことばかりです。

あるプロジェクトが失敗したとしましょう。

その責任はトップであるAさんが取るべきかもしれません。


ただ、そのプロジェクトメンバーの1人1人が、自分に任された責任において、

「うまくいかない要因があった」

ということが考えられます。

そんな中で、メンバーのBさんが、こう言い出したとします。

「このプロジェクトが失敗したのは、Aさんの判断ミスのせいです」

その一言に、仲のいい人が賛同する場合があります。

他部署のよく事情を知らない人も、

「Bさんが言うには、どうもAさんのせいらしいよ」

と言いふらしたりする。

そうやって、Bさん1人が文句を言っていただけだったのが、噂が広がり、どんどん仲間を増やしていく。

ここで問題なのは、Bさん自身、**「何の成長も得ることができていない」**ということです。

ただ単に、「自分のことを応援して、支えてくれるような人たちがいることに安心するだけ」です。

次に新しいプロジェクトに携《たずさ》わるときにも、この経験が生きてきません。

Bさんは、自分のことを、「**被害者だ**」と思っているのです。

自分の責任において、次に改善する部分をまったく見出していません。

もしかすると、Bさんは、Aさんに「この方法ではうまくいきません」というような相談をしたことがあったのかもしれません。

そのケースは次の項目で見ていきましょう。

ただ、それを差し置いても、**文句を言う人同士で傷を舐め合うことは、何も生み出さずに成長を止める**、とても恐ろしいことです。

だから、文句に迎合するのをやめて、そういう人たちと意識的に距離を取らないといけないのです。

「検討します」は全裸より恥ずかしい

前項において、責任者であるAさん側からの視点を見ておきましょう。

Bさんが文句を言っているだけの場合。これはスルーします。

問題は、Bさんから事前に情報共有があった場合です。

「このままだとプロジェクトがうまくいかない」

ということを言われたケースです。

この場合、**その根拠となる「情報」を出してもらう**のが大事です。

根拠があるのであれば、それを検討して次なる意思決定をおこなう必要があります。

もし、それができていれば、一方的に文句を言われることはおそらく起こっていなかったでしょう。


そして、ここでもう一つの可能性があります。

それは、Bさんから決定的な情報を提示されたのに、それを無視してしまった場合です。

これに限っては、Aさんが反省する必要があります。


というのも、つい、**人は「自分にとって都合のいい意見」ばかりを集めたがる習性がある**からです。

まわりをイエスマンで固めて、ノーを言う人を追い出したくなります。


ただ、**まわりをイエスマンで固めても、自分の意見が正しくなるわけではありませ**

ん。結果を出すためには、自分にとって都合の悪い意見にも耳を貸すことが求められます。

「余計なこと」という抵抗

組織でよく聞く言葉があります。

それが、「余計なことはしないほうがいい」という言葉です。

この考えが、多くの錯覚を生み出します。

たしかに、「やらなくていいこと」は多少あるはずです。

ただ、**何に対しても、「余計なことをするな」と言ってしまうことは間違い**です。

人は「**現状維持を好む**」ものです。

どんなに小さな変化であっても、「前のほうがよかった」と感じてしまう。

それは、慣れ親しんだ商品がリニューアルされると、以前のものを見て、「前のほうがよかった」と思ってしまうのと同じです。

その理由は、たった1つです。

「これまでずっとそうだったから」です。

しかし、この感情を疑わないといけません。
たしかに、「本当に余計なこと」はすべきではない。
ただ、本当にそれが「余計かどうか」を検討する必要はあります。

この点は、1章以降で詳しく述べますが、それを決めるのが、意思決定者です。
明確な反対意見があって、「余計なことをしない」と言っているのか。
それとも、ただ変わりたくないから言っているのか。
その2つを混同しないことです。
惰性《だせい》による漠然とした反対意見ではないかを見極めるようにしましょう。

決めないことの「機会損失」

組織においてよく聞く不満は、「**前例がないから却下された**」ということです。
たとえば、経営者はあらゆる権限を持っています。

「新規事業をやって、次なる種まきをする」
「メディアに出演して、認知を拡大させる」
「M&Aをして、会社を大きくする」……

そうやって、大きな意思決定をすることができます。
それは、会社の中で「大きな方向性」を決める権限があるからです。
逆に言うと、「何もしなくてもいい」ということも許されています。
ある程度、すでに仕組みが回っている会社であれば、新しいことは何もしなくても
いいかもしれません。経営者が大きな意思決定をしなかったとしても、今の状況が続

くことになるからです。

もし、60歳くらいで逃げ切れるような社長は、そういう「何もしない」という決断をするかもしれません。


しかし、多くの会社ではそうはいかないでしょう。

会社が生き残っていくために、さまざまな施策をすると思います。

そして、意思決定をすることによって、成功と失敗が両方生じます。

最終責任者である社長が決めないのは、権限を行使しないということです。


こうしたことは、経営者に限らず、現場でも起こります。

たとえば、部下から意思決定を求められたときに、「保留し続ける」などがそれです。

自分が決めないことによって、意思決定者としての責任は回避できているように錯覚しています。

ただ、保留することによる停滞《ていたい》や未来の損失が確実に生まれているのです。

決めないことによる「**機会損失**」です。

ただ、パッと見は何も利益を失っていないように見えますよね。


「検討しておきます」

「保留でお願いします」


という状態によって、ゼロでいるように思ってしまいます。

ただ、「**見えないコスト**」**は、確実に発生しています。**

つまり、ゼロではなくマイナスの状態なのです。そのことを忘れないようにしましょう。

「検討」という建前

「もし、それを実行すればどういう成果につながるのか？」

という可能性を本当に検討するのなら、もちろんそれはいいことです。

ただ言葉だけの「検討」があまりにも多いのが、日本社会で起こっていることです。

「**検討します**」**と言っておきながら、実際は何もしていない**。

「検討」という言葉は、相手が勝手に諦めるのを待つときに使われてしまっています。

そして、遠回しにお断りをするときに、「検討しておきますね」と、便利に使われてしまっている。

英語の「consider（検討する）」は、本当に慎重に議論することを意味します。

ただ、日本人が「consider」を安易に使うことが多く、アメリカ人は、そのことを不満に思うそうです。

「**ノーならノーと言ってほしい**」ということです。

そんなズレが生じています。

本当はノーなのに、「検討します」と言って期待させることは、全裸より恥ずかしいことなのです。

「意思決定」をシミュレーションしよう

検討によって、見えないコストが生じている状態は、避けなければいけません。そこに目を向けるのも、「パーフェクトな意思決定」のために求められることです。

1 動いて成功した
2 動いて失敗した
3 何もせずに現状維持をした

この場合、「1」が素晴らしいことは当然です。

問題は、「2」と「3」ですね。

おそらく、「2」のほうが悪く目立ちます。

「3」は意識しないと見えない領域です。


ただ、**それでも「2」のほうを評価すべきです**。

それによって、次の改善策を考えるのも、もちろんセットです。


あるいは、主体的に「3」を選ぶのなら、それはそれでいい。

「それはやりません」

と、ハッキリ断ることも、もちろん意思決定の一つです。

ただ、最悪なのが、その意思を示さないまま、なんとなくうやむやにして結果的に「3」を選んでしまっているときです。


そういう状況はつくらないようにしましょう。

意思決定が「ブレる瞬間」

ここで少しシミュレーションです。

あなたの会社では、「X」という商品を扱っているとしましょう。

そして、いま、売上の拡大を狙って、新商品「Y」を新たに販売することを考えています。

もし、その意思決定をした場合、社内やメンバーに、

「新たにYという商品について勉強しないといけない」

ということを強《し》いることになります。

現場としては、Xだけを扱っているほうが圧倒的にラクです。

新しいことを始めるとき、現場から必ず不満は出てきます。

「そんな余裕はありません」

「うまくいくと思いません」

「これまでのやり方でいいのでは？」……


そんなネガティブな意見が必ず出ます。

ここで、意思決定の軸がブレてしまうでしょう。

■新商品Yを扱ったほうがさらに大きな売上が期待できる
■ただし、それによって現場に負担がかかってしまう

この2つの思いに揺れるからです。


ただ、そこで意思決定者は、「**自分の評価を獲得《かくとく》すること**」を基準にしてください。

詳しくは後で述べますが、あなたの評価者は外部にいるのです。

責任と一緒に「堂々と伝える」

もちろん、Yを扱うことによって、どれだけの売上アップが期待できるかを計算することは大事です。

■ 商品Xだけだと売上予測がいくらになるのか
■ 新商品Yを扱うと売上予測がいくらになり、それによりXの売上はいくら下がる可能性があるのか

そういう予測を立てると思います。

その結果、Yを採用するのであれば、

「新商品Yを扱います。現場のみなさんはその商品情報を学ぶようにしてください」

ということを伝えなくてはいけない。

そして、その後、予測通りの売上になっているかをチェックしていきます。

さらに、そこで結果がついてこないときに、

「やはり新商品Yを売ることは、やめます」

ということになっても、それを堂々と伝えないといけない。


もちろん、その負担が大きすぎるあまり、これまでの業務に大きな影響を及ぼすようなら、検討の余地があります。

■ 新商品Yを扱うことによって、Xの売上は半分以下に落ち込む

そのように、デメリットが大きすぎる場合は、それを考慮《こうりょ》すべきです。

しかし、**「多少の負担が増える」程度であれば、堂々と伝えなければいけない。**

その責任を引き受けましょう。

企業として、市場で競争している限りは、つねに変化し続けないと勝てない世界な

のです。

「成長意欲」を前提とする

欲を言うと、現場から、

「新しいことをやらせてください！」

という声が出てくることが理想かもしれません。

ただ、それはどうしても個人差があります。

わかりやすく成長したいことを言葉にする人は成長意欲があるように見えてしまうことでしょう。

しかし、そういう意欲があるように見えない人でも、**心の奥底では、成長を求めているはず**です。

実際にやったあとに、

「やってみてよかったです」

と、あとから成長意欲があったことがわかるのです。

だから、まずは新商品Yがうまくいくことを信じて取り組む。

ちゃんと利益が出てくれれば、誰もが「やってよかった」と思うはずです。

もし、うまくいかないときは、「**撤退するライン**」を決めておき、そのときにまた意思決定をする。

■1年後にYの売上が「月に50万円未満」の場合は、やめる

そうやって期限を設定して前進し続けるのです。

顔色をうかがいすぎる弊害

ここまでの話は別に、「現場の声を無視しろ」ということではありません。

たとえば、

「新商品Yを扱うにあたって、現場のメンバーは半年以内に資格の取得が必要になる。コストが大きすぎる」

という情報共有があるとします。

その負担によって、

「どれくらいの時間が必要になるのか」
「どれほどの残業時間が増えてしまうのか」
「どれくらい既存の売上にマイナスの影響があるのか」

などを検討する必要はあります。

その情報共有は、**現場の「権限」として、やらないといけないこと**です。

その事実を受けて、上にいる人は、**「人員を増やす」「業務改革をおこなう」**といった、新たな意思決定が求められます。

そうやって、ボトムアップとトップダウンを繰り返していくのです。

もっともよくないのは、

「多少の現場の負荷《ふか》を大事件として扱い、半年後や1年後の売上拡大のチャンスを逃す」

ということです。

現場からの「しんどい」「めんどくさい」という感想レベルの不満には負けないようにしましょう。

働いている以上、ある程度の負荷は、成長のためにつねに付きまといます。

意思決定は、人の顔色を見ておこなうことではないのです。

選択肢を残すときの「安心感」

具体的な意思決定の話を進めていく前に、序章の最後に、**「選択肢を残す安心感」**についても触れておきましょう。

「意思決定をする」ということは、**「決着をつける」**ということです。

序章の冒頭で「賛否両論」と言ったように、多くの物事はグレーです。

白か黒か、ハッキリできない。

それはわかっています。

わかった上で、それでも、「決着をつける」のです。

たとえば若い頃のカップルは、ダラダラ付き合うことを是《ぜ》とします。

ただ、どこかのタイミングで、

「結婚する意思があるのか」

それとも、

「しない意思があるのか」

という決着をつけないといけないことでしょう。

それを決めないと、お互いの未来を考えることができません。

それと同じ構造です。

「選ぶ立場」の優越感とは

「はじめに」でも述べたように、決めない状態でいることは、**「気持ちいい」**のです。

就職活動をして、有名企業10社以上から内定をもらったことを想像してください。

きっと、気持ちがいいことでしょう。

「選びたい放題だ。どの会社に入ろうかな」

と選べる立場にいるのは、優越感があります。

空腹で食べ放題ビュッフェに入ったとき、「全種類を食べられる気持ちになる」という、あの全能感です。

その瞬間は、気持ちがいい。

しかし、現実がおとずれます。

内定は1つに絞らないといけない。

胃袋は1つしかない。

会社の二股はできないし、別腹も存在しない。

決めなくちゃいけない瞬間がやってくるのです。

片づけは好きか？

できるだけ、決めることを先延ばししてしまう。
その状態が気持ちいいと感じてしまう。
その感情は、「**錯覚**」なのです。
なんとなく生きていると、家の中はモノで溢《あふ》れかえると言います。
本来なら、何かを買ったとき、何かを捨てないといけない。
それは、理論上、その通りです。
ただ、「片づけ」は難しいものです。

なぜなら、「**いつか使うかもしれない**」と思ってしまうからです。
無意識に「可能性を持ち続ける」ということを選んでしまっているのです。
それが気持ちいい。

ただ、心が確実に消耗《しょうもう》していることに気づいているでしょうか。

モノを持ち続けることにも見えないコストがかかっているのです。

家を占領して、散らかり、徐々に心が蝕《むしば》まれていく。

そこから脱却するには、

「いつか使うかもしれないけど、ここ1年以上は使っていない。だから捨てる」

という意思を持つことです。

先ほどの例で言うと、早く1社に絞って他を内定辞退しないと、罪悪感が大きくなって断ることがしんどくなってしまいます。

それにより、後悔だって大きいものになってしまうでしょう。

だから、早く検討してキッパリ捨てる。早く次に行く。

先延ばしすることの気持ちよさから脱する。

それを覚えておきましょう。


武器をたくさん集めても、戦場に持っていけるのは、せいぜい2つです。

そして結局、使うのは、メインの1つだけ。

武器をたくさん持つことが単なる安心感であることを自覚しましょう。
この思考法は、あらゆることに当てはまるのです。

「パーフェクトな意思決定」のための考え方

さて、序章の話を整理しましょう。

1 **「すべての物事は賛否両論だ」ということ**
→あなたの決断には、必ず否定的な意見が出てくる

2 **「いつだって、決めた人が偉い」ということ**
→後出しジャンケンはスルーするしかない

3 **「人は現状維持を好む」ということ**
→どんなに小さな変化であっても、「前のほうがよかった」と思うもの。でも、
それを疑わないといけない

4 **「検討すると言っておきながら何もしていない」ということ**

↓本当はノーなのに、相手を期待させるのは、全裸より恥ずかしい

5 **「決めない状態は気持ちいい」ということ**

↓でも、決めなくちゃいけない瞬間がやってくる。先延ばしの気持ちよさから逃れよう

これら5点を押さえて、まずはマインドセットを変えてください。

さて、本章の最初に取り上げた問題について触れておきましょう。

他人の恋愛相談には、簡単にアドバイスすることができます。

それは、「責任」がないから。そして、「感情」が切り離されているから。そのポイントを押さえておきましょう。

すると、あなたが何をするべきかが見えてきます。それは、

「どうすれば、責任を引き受けられるか」

「どうすれば、感情を切り分けられるか」

です。それらを押さえた上で、「パーフェクトな意思決定」をしていくのが、本書

の目的です。そのための流れを簡単に紹介しておきましょう。

■「修正」を当然とする（1章）
↓ 朝令暮改を恐れず、意思決定の3つの箱に入れる
■問題の「解像度」を上げる（2章）
↓ 同調圧力に負けず、反対意見を取り入れる
■情報の「ノイズ」を取り除く（3章）
↓ 自分が決めない聖域を作っていく
■最後は勇気で決める（4章）
↓ 不確実性を認識して、意思決定をする

以上です。

これで準備は整いました。あとは、順番に学んでいくだけです。

第1章

「正しい意思決定」という勘違い

——華麗なる「修正」

「ガチャ」という言葉が話題になった。

私たちには、ランダムにカードが配られる。

そして、手札を見る。

そのカードに、不満を持つか。

それとも、いったん受け入れて、その上で最適な一手を打つか。

この一瞬が、「停滞する人」か「成長する人」かの分かれ道となる。

「意思」を持つか、「反応」するだけか

人生は、「**運**」で決まるのでしょうか。
それとも「**努力**」で決まるのでしょうか。

「運」と言われると、結果が出ないときに他人や環境のせいにしてしまう。
「努力」と言われると、100%自分のせいにして追い詰めてしまう。

ただ、「**それぞれ半分ずつだ**」と考えるとスッキリします。

修正

「仮説」を立てる

たとえば、４択問題で１００問１００点満点のテストがあるとしましょう。

適当に埋めるだけでも、平均で25点が取れます。

そこから、努力によって勉強をしていくことで、50点、60点、70点……にしていくことができます。

一生懸命に勉強をして、90点くらいまで取れるレベルになったとしましょう。

ただ、最後の最後、残りの10点ほどは、難しくて「勘」でしか答えられない問題が残ります。


努力によってある程度のところまで行くことができる。

ただ、**最後の最後には、勘に頼る部分がある。**

そんなイメージです。

その10点のために、時間をかける意味は、そんなにありません。
早く決めて、行動して、失敗して、修正する。
とはいえ、やみくもに答えろというわけではありません。
仮説を立てて、限られた時間の中で考えて、1つ1つに取り組んでいくのです。

あなたなら、わからない問いにどう取り組むでしょうか。
そのシミュレーションをしてみましょう。

（問題） 目標と主要な結果を表し、その目標を達成する管理方法をアルファベット3文字で何と呼ぶでしょう？

1 KPI　2 USJ　3 OKR　4 PDF

さて、この問題にどんな順番で取り組みますか。
まずは明らかに間違っているであろう、「2 USJ（大阪のアミューズメントパーク）」

修正

と「4 PDF（文書データのファイル形式）」が削られると思います。

そして、2択に絞られます。その上で、

「うちの会社の管理方法は『KPI』で、その方法の説明ではないから、おそらく『3』だろう」

というように、仮説を立てると思います。

それによって、次は同じ間違いをしなくなります。ちなみに正解は「3」です。

「勘」を検証する

とはいえ、仕事はテストではありません。キレイに正解が出るわけでもない。

ただ、**進め方は限りなく似ています。**

仕事も基本的には、合理性によって判断していきます。

しかし、最後の最後に、「勘」によって決める部分が残る。

その繰り返しです。

先ほど、２つの選択肢を削り、仮説を立てて、最後は勘で選びましたよね。

その仮説が正解だったか、それとも間違いだったかは、テストの後に検証する必要があります。

いわゆる、ＰＤＣＡの「Ｃ（検証）」です。

それをすることで、次の成功に結びつけることができます。


仮説を立てて、どちらかを選ぶ。

それが、選択に「**意思を持たせる**」ということです。

もし、仮説がなければ、それは「**反応をしているだけ**」です。

迷路で言うならば、右を選んだ場所に立ち戻り、左を選び直すということです。

仮説がないということは、どこに戻って、次は何を選べばいいかを思い出せなくなるようなものです。

仮説があって、初めて意思決定は成立します。

そして、ここでは「**テストで空欄にしない**」というスタンスも併せて押さえておきましょう。

修正

「朝令暮改」への心のブレーキ

意思決定したことは、その後、「検証」をしないと、同じミスを繰り返すことになります。

そもそも、一度決めたことをそのままやり続けるのは、**「ウソの意思決定」**をすることになります。その理由について見ていきましょう。

「前言撤回」ができるか

ミスや失敗をすると、反射的に、次のような感情が出てくるでしょう。

「ミスしたことを知られたくない」
「失敗じゃなかったことにしたい」
「信頼されなくなるんじゃないか」……

という自意識です。

そんな感情が表れてしまいます。
真面目な人、優秀な人、完璧主義な人。
そんな人ほど、ミスを隠したくなるでしょう。

それはおそらく、生物的な本能なのかもしれません。
「朝、起きられない」というレベルのものです。

だったら、「**仕組み**」によって解決するしかありません。

修正

仮説を立て、検証し、失敗を認め、修正をする。

そのとき、**「誰も個人を責めない土壌《どじょう》」**が必要です。

もし、誰かが過去に決めた形骸化《けいがいか》したルールがあるなら、それを壊す必要があります。

過去の自分が決めたことで失敗をしたら、それを考え直す必要もあります。

「パーフェクトな意思決定」というのは、そうやって変化に対応していくことが前提となります。

だから、**「朝令暮改《ちょうれいぼかい》」**という言葉を当然とするのです。

前言撤回は、堂々と言ってください。


「過去のルールは撤廃します」

「私のやり方は失敗でした」

特にリーダーは、そういうことを堂々と言うことが求められます。
それを言われた側も、受け入れないといけない。
また、逆にいうと、目立った失敗がない人は、人の上に立てないとさえ言えます。

「矛盾に厳しい人」になるな

ネット上では、過去の言動が掘り起こされて、炎上が起こっています。

「昔の発言、今なら完全にアウトだろ」
「20年前のこの言葉は、今ならパワハラだ」
「5年前は賛成派だったのに、反対派に寝返っている」……

そうやって、過去の言動を引っ張り出し、現在の状況に当てはめ、矛盾《むじゅん》を指摘するような場面を見かけます。
しかも、その行為があたかも正義のように扱われています。

修正

なんともおかしな状況です。


人は、時間とともに考えを変えるのが当然です。

意見だってコロコロ変わる。

ただ、**本人の中には一貫性があるのです。**

それなのに、なぜ、過去と同じ考えを持ち続けないといけないのでしょうか。

この不寛容さが、

「意思決定は怖い」

「言わぬが花だ」

という閉塞《へいそく》的な状況を生み出していると思わないでしょうか。


この世に、つねに正しい人はいません。

誰でも間違いを犯します。勘違いだってしてします。

正義感によって、矛盾を指摘するような態度は、人を萎縮《いしゅく》させるだけです。

自分の弱さを知ろう

まずは、あなたの態度からあらためましょう。

職場において、「朝令暮改」や「前言撤回」を受け入れるということです。

ある1つの発言によって人を責めないことです。


とはいえ、人は弱い。

あなたの意見に反対した人がいたとします。

その人が失敗すれば、きっと喜びたくなるでしょう。

逆に、その人が成功すれば、**「そんなバカな！」「どんなズルをしたんだ！」と思ってしまうかもしれません。**

それくらい、人は弱いものです。だからこそ、思考によって変えてください。そのために、いまこうして本書が必要なのです。

修正

「いったん結論を出す」というクセ

大事なことなので何度も書きますが、意思決定において、マインドセットは大事です。

「絶対的に正しい意見はない」ということ。
「つねに正解を出し続ける天才はいない」ということ。

そういう前提で、組織の土壌をつくっていきましょう。

「とりあえず正しいとしておく」という態度

科学の世界でも、すべては「**仮説だ**」と言われています。

「100%ではない。けれど、とりあえず正しいとしておいて話を進める」というスタンスです。

そうしないと、科学が前進しないからです。

仮説のまま、いったん正しいことにしておいて、その前提で物事を進めていく。

その結果、仮説が間違っていることもあるでしょう。

それは、「**いいこと**」なのです。

仮でも、その場で結論を出すことが大事なのです。

前々項で述べた「**テストでは空欄にしない**」というスタンスにも通じますね。

たとえば、部屋探しするときのことを考えましょう。

修正

100%満足できる部屋を探していると、いつまで経っても、住む場所は決められません。

まずは、優先すべきことを洗い出して、その最低条件を満たすところに住むはずです。そして、もしその後に新しい部屋を見つけたら、**そのときは引っ越せばいい話です。**

実家を出ることなく、人生で一度も引っ越しを経験していない人は、きっとこう言うでしょう。

「最初から、一生、住める部屋を探せばいいのに」

そんなことが不可能なのは、引っ越したことがある人には説明不要です。

大前提「人は間違える」

人間はミスをします。

どんなに経験を積んでも、同じです。

失敗の確率は下がるかもしれませんが、それでもいつかミスをするのは間違いない。

本書では、徹底して「**感情をわきに置く**」ということを支持します。
それは、最初は「意識しないと難しいから」です。
難しいことは、繰り返し語る必要があります。

人は時に、感情に流されて、衝動《しょうどう》的な行動をとってしまいます。
理性で考えておけば、取り返しのつく失敗で済んでいたかもしれません。
しかし、**感情に振り回されると、取り返しのつかない失敗になってしまう。**

「ついカッとなってしまった」
「モヤモヤしていた」
「無気力でボーッとしていた」……

修正

そんなとき、人は取り返しのつかない判断をしてしまいます。
いとも簡単に「賢者」が「愚者《ぐしゃ》」になるのです。
感情を整理して、論理的に考える姿勢は、いかなるときも大事です。

そこに本書の存在意義があります。識学が必要なのもそう。
原理原則を伝える。
けど、そこからズレることは起こる。

一度でも、「夏休みの宿題の計画」を立てたことがある人ならわかるでしょう。
その計画通りに、40日間を過ごせた人が、何人いるでしょうか。
おそらく、限りなく少ないでしょう。

では、「計画が必要ないか?」と言われると、そういうことではありません。
大まかに日々向かっている方向性は示さないといけません。
その上で、1日1日、誘惑に負けない仕組みを作り、できるだけそれに合わせて動くようにするのです。

意思決定は間違える可能性がある。
それがわかった上で、それでもおこなう意思決定。
それが、「パーフェクトな意思決定」なのです。
思考停止とは真逆の概念です。

バイアスを知っておく

人が間違える要因は、あげ出したらキリがありません。
本書では、あくまでエッセンスだけについて触れますが、たとえば「行動経済学」が教えてくれます。

代表的なのは、「**損失回避バイアス**」です。
たとえば、「1万円を得る喜び」より「1万円を失う痛み」のほうが人にとっては

修正

大きい。

脳が「失うこと」を恐れるようにできているのです。

だから、それを知った上で、思考で乗り越えないといけない。

本来は、どちらも「1万円」なのだから、**その数値化によって比較すべきです**。それを意識的に考えないといけないのです。


それから、「**サンクコスト効果**」です。

これは、「もったいない」という感情のことです。

すでに払ってしまったお金や費やした時間について、「**せっかくだから**」と思い、目の前の判断が鈍《にぶ》ってしまいます。

打ち合わせや試作テストを重ねて、「失敗する」ということがわかったのに、「ここまでやったから最後までやろう」と思ってしまう。

それに対しても、論理的に数値化などによって乗り越えないといけません。


最後に、「**バンドワゴン効果**」についてです。

これは、いわゆる「同調圧力」です。

人は、他者と同じ行動をとることに「**安心感**」を抱きます。

友達が持っているものを自分も欲しくなる。同じ集団がワクチンを打てば、自分も打たないといけないと思う。

日本人的な「空気」も同じでしょう。

そして、そうやって集団に迎合《げいごう》するとき、人は間違えやすくなるのです。


こうした知識は、持っておけばおくほど、「意思決定」に効いてきます。

とはいえ、私はその専門家ではありません。

行動経済学や心理学の知見は、他の本に譲ります。どうぞこれから先も学び続けてください。

修正

自分にとって「都合の悪いこと」のトリセツ

序章では、「文句をスルーする」ということをお伝えしました。

とはいえ、「ただの文句」ではなく、「有益な情報共有」であれば、それは受け入れるべきです。

人には、**「他者の間違いを指摘したい」という欲**があります。

テレビのテロップに誤字脱字を見つけると、わざわざ連絡をする人がいるようです。

そういう習性の「いい部分」は受け入れましょう。

「受け入れるか」「受け入れられないか」の差

あなたが新しい事業を始めたとします。

それに対して現場から、「うまくいっていない」という事実が情報共有されたとします。

それを受け入れられますか。

たぶん気持ち的に難しいことではないでしょうか。

もしかすると、その情報を伝えてきた人のことを「嫌い」になるかもしれない。

そういう瞬間的な感情を、論理的に整理できないといけないのです。

自分に都合の悪いことでも、受け入れられるかどうか。

ここでの差が、仕事の成果になって表れてきます。

もちろん、**「受け入れられる人」は成長します。**

「受け入れられない人」の成長は止まります。

49ページで述べたように、「**賛否両論ある**」ということを受け入れておくことです。

それが頭にあるだけで、情報に対する受け取り方は変わるでしょう。

ディベートが教えてくれること

その訓練をしておく必要があります。

ここでは、「**ディベート**」の考え方が役に立ちます。

ディベートでは、AとBが二択における対立する立場に立って、それぞれから意見を出し、第三者がそれをジャッジします。

AとBはそれぞれのメリット・デメリットの情報を出すだけの役割です。

第三者はそれを受けて、どちらの意見がよかったかを選びます。

ここで大事なのが、AとBで説得し合ったり、意見を変えさせる議論が存在したりしないことです。

お互いは事実をあげるだけです。

AがBを説得したり、論破したりするのではありません。

そして、**第三者はどちらかを選ぶだけです**。

そこに中立も存在しません。


Aにとって、Bというのは、反対意見を出す人であって、別に敵ではありません。

それぞれの立場と役割に徹しているだけです。

だから、**人の「好き嫌い」とは切り離されています**。

その訓練になるのです。


ここでいう第三者が、上司などの意思決定者にあたります。

AかBか、「好き嫌い」ではなく、あくまで提示された情報で判断するのです。

あなたの意思決定は、ディベートのような場になっているでしょうか。

修正

「あの人の言うことは聞かない」
「あの部下は必ず間違える」
「○○さんが言うのだから間違いない」……

そんなふうに、**人の「好き嫌い」で判断していないでしょうか。**
自分の胸に手を当てて、ぜひ考えてみてください。
また、反対意見の人を説得にかかることをしていないでしょうか。
それも時間のムダです。
組織において、1人1人、相手の考え方を変えようとする努力は、徒労に終わります。
責任を持った決定者がしなやかな意思決定をすれば、組織は回るのです。

「修正する」を歓迎する

「めんどくさいことを避けたい」
「できれば現状維持していたい」

そういう態度は、いつか思考停止を生み出します。
その果てが、**「成長が止まる」という末路**です。

ただ、それを避ける方法が一つあります。

それが、「**修正**」です。
本章のキーワードです。

失敗を認め、華麗に修正する

まず、「**修正する**」＝「**成長する**」ということに認知を変えることです。

成功したらそのまま成功体験に変わるし、失敗したら修正ができる、すなわち「成長できる」のですから。

そう考えることにより、心理的ハードルを下げましょう。

失敗は必要です。
ただし、**同じ失敗を二度繰り返すことは避けないといけない。**
それは成長ではなく、シンプルに「ムダ」だからです。

ということで、**組織内では「一度めの失敗を許容」しましょう。**

その態度を、積極的にリーダーが取っていくことです。

失敗を責めるのではなく、

「次はどうしますか？」

と、許容することにより、職場はみるみる改善していきます。

そんなコミュニケーションを日々、とっていくことです。

「失敗してもいいんだ」という評価を受けることで、次の修正がスムーズになる。他の人もそれを見て失敗していいと思える。

一度めの失敗は、朝令暮改や前言撤回を恐れず、**「華麗なる修正」**をおこなえばいいのです。

その土壌を整えていきましょう。

失敗によって個人を責めない。

その言動によって、組織は変わっていきます。

意思決定とセットにすべきこと

修正を成長に捉え直すためには、ポイントがあります。

それは、

「ただし決めたことは全力でやる」

ということをセットにすることです。


決めたことを徹底的にやった。

しかし、結果が出なかった。

そのときに、「華麗なる修正」が効果的になります。


もし、決めたことを徹底的に実行できていなかったら、最初の意思決定に立ち戻ることができません。

たとえば、子どもの塾選びを考えてみてください。

「Aという塾に入ると成績が上がる」

という情報を我が子が友達から得てきたとします。

それにより、親は、「Aという塾に通わせる」という意思決定をします。

そして、1年後、子どもの成績が上がらなかったとしましょう。

子どもは、

「Aを辞めて、Bという塾に変えたい。そっちのほうが成績が上がるらしい」

と言ってきたとします。

さて、その情報を鵜呑《うの》みにすべきでしょうか。

ここで最初に確かめないといけないのは、Bという塾のことではありません。

「Aという塾で、全力で勉強に取り組んだのか」

修正

ということです。

「A」で一生懸命に勉強に取り組んだかどうか。

そこができていないと、「B」に移っても、同じことを繰り返す可能性が高いです。

一度、決めたら、その後は目移りせず、**「目の前のことに集中する」**ということが必要なのです。

実行しないと振り返りようがない

「シングルループ」と**「ダブルループ」**という言葉があります。

シングルループは、一度決めたことに対して、それを完璧に実行する小さなサイクルのこと。いわゆる短期的なPDCAを回すサイクルです。

一方で、ダブルループは、そもそもの最初の決定を疑って修正する大きなサイクルのこと。中長期的な評価面談などのサイクルです。

「目標を立てる」「新しいビジネスを始める」などの大きな意思決定をした場合、**まずはシングルループによって目の前のことに取り組むこと**が必要です。

はじめてからたった1週間で、

「この目標は正しいのか？」
「そもそもビジネスをやるべきだったのか？」

などを議論していては、物事は何も進みません。
何より、振り返りようがないでしょう。

もし、半年後の評価によって後から、

「目標を大きく変える」
「そのビジネスは撤退する」

修正

という方向転換があるとしても、

「じゃあ、最初から手を抜いておこう」

という態度を許してはいけないのです。


本書の冒頭に、**「意思決定は水のようである」**という比喩《ひゆ》を用いました。

ということは、いったん決めたあとは、**「固い氷」にする**ということを意味します。

仮の状態であっても、まずは信じる。その態度を言い表しています。


95ページで述べたように、意思決定したことは「仮説」かもしれません。

しかし、いったん決めた後には、全力で取り組む。

それがセットであることを覚えておきましょう。

意思決定のサイクルを回す

さて、マインド中心の話はここまでです。
ここからは、具体的な方法論を紹介しましょう。
「そのままでいいよね」という惰性に打ち勝たないといけません。
そのためには、はたして無理やりやる気を上げるべきでしょうか。
いえ、それでは続きません。
「やる気が上がったらやる」ということは、「やる気がないときはやらない」という

修正

ことを認める行為だからです。

一発で当てようとしない

長期的にビジネスに取り組むときは、特に**「やる気がないとき」のコントロール**が重要になります。

最初の頃は、放っておいてもやる気があります。

それが、徐々になくなってきたときに、「仕組み」の有無が必要になってきます。

ここで大事なのは、

「粛々《しゅくしゅく》とサイクルを回し続ける」

という態度です。

前項における「シングルループ」の話です。

放っておいたら、現状維持をしたいのが人間です。

同じものを買い続けるし、同じメニューを注文したくなる。

一度、チャレンジして失敗したら、「チャレンジそのもの」を嫌悪する。

しかし、それでもチャレンジして、一度でも成功体験をつかむことができると、今度は変わり続けないと気持ち悪くなるのです。


成長する人は、そのサイクルに入っていいます。


「決定して、実行して、問題が発生すると検証して、修正（決定）して、実行して……」の繰り返し。

そのサイクルが止まると、正解に近づくのが遅れます。

つまり、**一発で当てるために長時間考えすぎないことです。**

なので、リーダーの意思決定は重要なのです。


チームを勝利に導くことが、リーダーの責任です。

「決める」（P：計画）
←
「実行する」（D：行動）
←
「問題が発生して検証する」（C：評価）
←
「修正して新たに決める」（A：改善）

というPDCAサイクルを回すことが、意思決定の流れです。

ただ、ここで最初の錯覚が起こります。
それは、「リーダーは正しい意思決定をする責任がある」ということです。
「Pが正しくないといけない」と思いすぎる。
これはまったく間違いです。

その勘違いがあるから、

「慎重に決めないといけない……」
「前例がないから決められない……」

という心理的ハードルを生み出してしまうのです。

評価者は「外」にいる

ここで考えてほしいのは、
「意思決定に対する『評価者』はどこにいるのか」
ということです。
リーダーの意思決定の評価者は、チームのメンバーではありません。
評価者は、外にいます。
評価者はお客さまであったり、上司だったりするからです。

修正

「**部下やメンバーが評価者ではない**」ということがポイントです。
意思決定の材料は、いつも完璧に揃《そろ》うことはありません。
評価者が外にいて、意思決定の材料が100％揃う状況はない。
そうなると、ある程度の材料に基づいてリーダーはいち早く決める必要が出てきます。

そして、それを実行して、外部の評価を受け、そして修正して決める。
それを繰り返していくのです。
そのサイクルをいかに早く回していくのか。
それによって、徐々にチームを勝利に近づけていくことが求められます。

まずはその瞬間で、自分の判断で意思決定をする。
内部で反対が出ることもあるでしょう。
もしくは、全員が納得して正しいと思った意思決定をすることもある。
それでも、評価者は外にいます。

ということは、その意思決定が正しいかどうかはチーム内ではわからないのです。

「パーフェクトな意思決定」が明暗を分ける

ここで差がつくのは、いかに早く実行して修正したか、という部分です。

1 じっくり時間をかけて慎重に決めた意思決定
2 ある程度の不確実な状況の中で思い切った意思決定

という2つがあります。

たとえ「2」であっても、早く実行して修正すれば、「1」に勝てるということです。

さらに、「1」であっても、失敗することはあり得るわけです。

多くの組織で起こっている問題は、「1」が常態化してしまっていることです。

決めるまでに時間がかかりすぎている。

ただ、評価者が外にいるのだから、

「やってみないとわからない」

という不確実性が大いにあるわけです。


だから、いち早く決定して、そして一日でも早く、一秒でも早く、そのチームを勝利に導くことがリーダーの責任なのです。


結果的に勝利に導く、ということです。

そのためなら、失敗や修正は必要です。

100%正しい意思決定をし続けることは不可能です。


正しい意思決定がリーダーの仕事ではありません。

１００％正しい意思決定をするために組織全体を停滞させてしまうことは、無責任な行為なのです。

こうした「**結果的にうまくいくことに貢献した意思決定**」を、本書では、

「パーフェクトな意思決定」

と呼んでいます。

決して、１００％正しい意思決定ではない。

むしろ、そういうものとは真逆の性質を持つことを、あらためて覚えておいてください。

修正

意思決定の「3つの箱」

決めないといけないことには、「大きさ」があります。
素早く決めることが大前提ですが、そうではない事柄もあるでしょう。
そのための「**3つの箱**」を用意しました。

それが、左のページの3つです。
できれば、「**1 即決**」という箱に入れて、早く完了させる。

ただ、そうではない場合もあります。

決めるための「情報」が足りていないときがある。それが、「**2 情報不足**」という箱です。

また、「時間」が必要な場合もあるでしょう。その場合は、「**3 期限を設定する**」という箱に入れます。

自分が判断しないといけないとき、この3つに振り分けるようにします。
順番に説明していきましょう。

修正

1

「即決」という箱に入れるとき

すでに十分な情報があるとき、その場で決めることをします。

それは、**選択肢が明確にあるようなとき**です。


例として、社用車を利用するときにクレームがあったとします。

■「車を使いたいときに使うことができない。事前に紙に記入しているのに、勝手に使われてしまっている」

そんな問題があったとしましょう。

紙による管理は、実際にそこに行って直接書く必要があります。

そこで、スプレッドシートで管理して、ＰＣやスマホでどこからでも記入できるようにしようと思いました。

この程度のことであれば、意思決定者はすぐに決めるべきでしょう。
明らかに問題が発生していて、その解決法がある。
ただ、これくらいの問題でも、

■「全員の理解を得ないといけない」

と思い込んでしまい、全員にヒアリングするような人がいます。
それをやってしまうと、

■「これまで紙でやってきたから、そのままでいい」
■「スプレッドシートの使い方がわからない」

などの意見に左右されてしまうのです。
情報が揃っている場合は、意思を持って「変更します」と、決定するようにします。

そして、全員が実行できるように周知することです。

最初はできていない人もいるでしょう。それは徹底して管理するしかないのです。

2 「情報不足」という箱に入れるとき

次に、「情報が不十分だ」と思うときです。

先ほどの「紙をスプレッドシートに」と比べると、**意思決定の難易度が高めの問題に取り組むとき**です。

その場合は、必要な情報を特定して、部下にあげさせるといいでしょう。

たとえば、社内でオンラインサロンを立ち上げるかどうかを意思決定するとしましょう。

そのような新規プロジェクトは、未経験のメンバーで構成されることがほとんどです。

そこでやることは、

■「他社のオンラインサロンの調査レポートを出させる」

などによって、判断材料を集めることです。

メンバーにタスクを与え、期限を決めて、プレゼンをさせます。

その情報を受けて、「やるかどうか」を決めるのです。もしやる場合も、どういうコンセプトで運営するかの判断がしやすくなりますね。

責任のある人が一人で情報をとるのではなく、チームで取り組むのがポイントです。

そうすることで意思決定のスピードが上がります。

3 「期限を設定する」という箱に入れるとき

3つ目は、決めるための情報として「時間」が必要な場合です。

修正

先ほども、メンバーに期限を設けることについて触れましたが、**さらに長いスパンで判断したいとき**です。

ある程度、ビジネスを実行してみて、「もう少し経過が見たい」というケースですね。

先ほどのオンラインサロンを、そのまま続けていくかどうか。

あるいは、無料から有料に切り替えるかどうか。

そういう意思決定のためには、ある程度の「**時間軸**」が必要です。

■「年間目標を1万人に設定して、最初の1ヶ月でどの程度増えるか」

■「テスト版として有料コンテンツを出すことで、1週間で何人が購入するのか」

など、期限を定めて検討する材料を集めます。

なんとなくはじめて、なんとなく決めるのではありません。

ちゃんと、

■「1週間後に決める」
■「1ヶ月後に決める」

という期限を最初に設定することが大事です。

「即断即決が正解」ではない

以上のように、「1」～「3」の箱に問題や課題を入れておくようにしましょう。

そして、**箱に入れないのは、個人や組織が止まっている状態であること**を自覚します。

早く成功か失敗に近づかないといけない。

止まっていることは悪なのです。

ベストは「1」です。

ただし、必ずしも、「即断即決がいい」ということではありません。

「早ければ早いほどいい」と言ってしまうと、無謀《むぼう》なことをやることを勧めているように聞こえてしまうでしょう。

もちろん、やみくもに「やる・やらない」を即決してはいけません。

それは意思決定ではなく、ただの反応です。

検討したいときは、「2」や「3」の箱に入れることです。

「2」に入れることで、部下やメンバーは次に何をすべきかがわかり、行動ができます。

「3」に入れることで、期限が示され、それ以外の業務に集中できます。

つまり、**どちらにせよ、前に進めているのです。**

それにより、目の前のことに集中できるようになります。

そもそも期限が設定されていないものは、「仕事になりえない」ということも言えますね。

つねに「未来」から見る

前項で、意思決定のための「3つの箱」に問題を入れてもらいました。

その「1」で、「紙をスプレッドシートに」という簡単な問題を考えましたが、ここでは何を判断軸としたのでしょうか。

利益は「反転」する

意思決定をするときの判断軸は、いつだって「**未来からの視点**」です。

修正

一言でいうと、

「未来の自分や組織がトクをするかどうか」

です。

「今」ではなく「未来」というのがポイントです。

なぜなら、**利益の反転が起こるから**です。

「紙での管理をスプレッドシートで統一します」

ということを意思決定したとします。

すると、最初はそのシートを作る作業が発生します。さらに、それを周知させるために、メンバーを管理するコストも発生します。

それらは短期的に「損だ」と思うでしょう。

ただ、そんなときに未来に視点を置いてほしいのです。

「翌月以降には、全員が使い方をマスターし、スプレッドシートが当たり前になる」
「一度、その状態にすれば、もう戻れない」

など、未来ではトクすることが見込めるでしょう。
だったら、それを選択すべきなのです。

「限りなくシンプル」に考えるための問い

「この決定によって、未来の自分や組織がトクをするだろうか？」

迷ったときは、それを自らに問うてみてください。
「目先」ではありません。
「未来」です。
おのずと、答えがシンプルに導かれるでしょう。

修正

ある営業の人は、大企業向けの受注アップを得るために、次のような意思決定をしました。

「一～二度の交渉だけで結論を迫るのをやめて、長期的に顧客にするために、何度でも話し、有益性を与え続けよう」

相手が大企業の担当の場合、大きな決裁をすることが見込めません。

ただ、長期的に見れば、その人が昇進や異動によって決裁権を持つ可能性があります。

1年後、2年後を見越して、営業をかけていくことができます。

そうして、大きなリターンを得ることにつながるかもしれません。

そのように、**半年後や1年後の自分が評価を得るために、いまの判断を下しているでしょうか。**

未来に視点を置くことで、そこから逆算して、いまやるべきことやいま決めるべきことが明らかになるのです。

1章の実践

「華麗なる修正」をやってみる

1章では、「修正」について説明しました。

ビジネスにおいて、「修正」をいかに華麗にできるかが成功のカギを握っています。

組織の中で、「惰性で続けていること」がないでしょうか。

それを、あなた自身の意思決定により、やめてみましょう。

たとえば、営業において、毎週、月曜の週次会議と金曜の情報共有の会議を設定しているとします。

そこでの課題として、チームでの営業の提案数と獲得数が伸びない。
メンバーからの情報として、

■「金曜はアポが集中するから会議が邪魔になる」
■「情報共有の会議は、会議のための会議になっているように感じる」

という情報があげられたとします。

ここでチームを運営する上での「仮説」を立てます。
もし、仮説がなければ、それは「反応をしているだけ」です。
ここでは、

■「金曜日の会議をやめたら、提案数が増えて、結果的に獲得数が上がるのではないか?」

という仮説を立てたとしましょう。
それを踏まえ、金曜日の会議を廃止するとします。
その際は、

■「金曜日の情報共有の会議を廃止します。その代わり、翌週の月曜の週次会議で必要な情報共有をするように」

と堂々と伝えることが求められます。
もしかすると、一部のメンバーからは、

■「金曜の報告が習慣になっているので続けたい」

というネガティブな意見が出るかもしれません。
しかし、過去に決めた「形骸化したルールがある」と思うのなら、それを壊す必要があるのです。

修正

「パーフェクトな意思決定」というのは、そうやって変化に対応していくことが前提となります。

だから、「前言撤回」という言葉を当然としましょう。

■「過去のルールは撤廃します」

と、リーダーが堂々と言うことが求められますし、それを言われたメンバーも受け入れないといけないのです。

というように、惰性でおこなっている「コミュニケーションのムダ」が、あなたの職場にもないでしょうか。

よくあるのが、

■「メッセージツールでの上司と部下の連絡において、やりとりが多くなりすぎる」

というものです。

お互いの連絡で「丁寧な文章で返事しないといけない」というタスクが多く発生していないでしょうか。

現場から、「お互いの連絡に時間がかかりすぎている」というような事実が情報共有されたとします。

それを受け入れられるでしょうか。

ここでの差が、仕事の成果になって表れてきます。

たとえば、

■「承知したときはスタンプでＯＫ」
■「定期的な連絡に関しては、定型フォーム化する」

ということを意思決定できるかもしれません。

そうやって、現場の情報に基づいて、必要なものに関しては、どんどん「修正」をおこなっていきましょう。

この章でも述べたように、「修正する」＝「成長する」ということに認知を変えることです。

組織内では「一度めの失敗を許容」する。

その態度を、積極的にリーダーが取っていくことです。

失敗を責めるのではなく、「次はどうしますか？」と、許容することにより、職場は改善していきます。

一度めの失敗は、朝令暮改を恐れず、「華麗なる修正」をおこなえばいいのです。

以上が「華麗なる修正」です。

また、この先は、意思決定の「3つの箱」をベースに説明をしていきます。

133ページで述べた「3つの箱」のポイントを押さえて、読み進めてください。

第2章

「よく考える」の正体

——問題の「解像度」

「旅行に行きたいですか？」

そう問われたら、今すぐ決めてみる必要がある。

「行く」か「行かない」か。

これは別に、必ず行けということではない。

「その時間とお金を、別のことに使います。

だから『行かない』」

という意見もあるだろう。

ただし、「いつか行きたいけど、落ち着いたら行く」と答える

ような人は、必ず後悔する。

問題の解像度を上げてみる

前章の後半に「3つの箱」を紹介しました。

それを受けて、次のような疑問が湧いたかもしれません。

それは、

「人によって、**『1 即決』**か**『2 情報不足』**かが分かれてしまうのでは？」

という疑問です。

慎重な性格の人は、100%の情報を求めてしまいます。

デメリットや懸念点がすべてクリアするまで待ってしまう。

そのため、スピードが落ちてしまうのです。

「次のアクション」に落とし込む

たとえば会議が長引くときというのは、**「問題の解像度が低い」**のかもしれません。

話し合うテーマがぼんやりとしていると、何を意思決定すればいいのかがわからなくなります。

漠然とした課題を話し合っても、結論は出ません。


「これから会社をどうしていくか?」

という会議を現場のメンバーを含めて大勢で話し合ったところで、具体的なことは何も決まらないでしょう。

おそらく、他部署のグチを言ったり、昔話や社内ゴシップを話したりして終わるはずです。

「まあ、いろいろあるけど、明日から頑張りましょう！」

そんな結論が出て終わり。

議論の土俵にすら乗れていないのです。

ここで気をつけるのは、問いの解像度です。それが本章のテーマです。

わかりやすくいうと、

「〇〇をやるか、やらないか」

というアクションレベルにまで、問題を落とし込めているかどうかです。

そして、もし、まだ検討の余地があるのなら、「いつまでに決めるか」の期限を設定します。

そこまで問題の解像度を高めてから、意思決定に移らないといけません。

問題の大きい、小さい

その問題の「大きさ」にも注目しましょう。

「このタスクは誰がやるか？」

という程度の小さな問題であれば、即決すべきです。
3つの箱の「1」に入れるべきですね。
その上司が、その場で決めるようにします。
ここでの話し合いに時間をかけないことです。
その判断は、上に立つ人がやりましょう。

また、大きすぎる問題を扱うのも、やめたほうがいい。

それは、「責任」が存在しないからです。

「事業を撤退すべきか」
「部署を再編すべきか」

そういった大きすぎる問題は、現場では決められません。社長や役員が決めることでしょう。

あくまで、**自分の責任に応じた問題に取り組みます。**

このとき、大きな問題を小さくしていくと、解決の糸口が見えてくると思います。

■「どうすれば営業部が変わるのか？」

↓

■「営業先として、中小企業に絞るか、大企業まで広げるか？」

と、具体的なアクションの選択肢にしていくことで、どうすればいいかが見えてき

解像度

ます。

そして、自らの責任によって意思決定ができます。

原則、「問題は小さくする」

逆に、問題をややこしくする人は、問題を大きくしがちです。

せっかく行動レベルにまで問題を小さくしているのに、

「そもそも、我々の仕事は、人類の成長に貢献できているのか？」

「日本経済のために、いま何をすべきか？」


そのような議論を始める。

思想家のようなものへの憧れでしょうか。

このように主語を大きくして語る人が、実際に本当にいます。

それは個人で考えればいいことでしょう。

問題に取り組むときは、自分が扱えるほど小さくすることが鉄則です。

漠然と大きいテーマを話し合っても、仕事は進みません。

それよりも、たとえば、「業務改善の回数を評価項目に加える」などをすると、個人レベルで改善すべき問題が出てきます。


そして、意思決定者は、優先順位を決めて解決に取り組むことができます。

他の選択肢を捨てる。

それが意思決定です。

「全部が大事」と言っている状態では、何も前進しません。

「デメリット」という魔物

何度も述べるように、すべての物事は「**賛否両論**」です。

つまり、デメリットがある。

そして、人は、デメリットを必要以上に重く感じてしまいます。

まるで魔物のように。

悪いことは「無限」に思いつく

それは、107ページでも述べたように、「**バイアス**」が影響するからです。

「1万円を得る喜び」より「1万円を失う悲しさ」のほうが大きい。

それは脳の特性上、仕方のないことです。

成功したことより、失敗したことを考え続けてしまいます。

そして、失敗を避けることばかりに目がいきます。

その事実は理論的に学んでおかないといけません。

「1万円を失うほうが嫌だ。しかし、考えてみると、どちらも同じ1万円だ」

と、数値化することによって、**感情ではなく理論で判断するということです。**

そうでないと、いつまで経っても、デメリットのことばかり考えて動けない状態に留まります。


そもそも、**人は無限にデメリットを思いつくことができます。**

たとえば、出かけるときに移動手段を選んでみてください。


「電車は人身事故が起こるかもしれない」

「自転車はチェーンが外れるかもしれない」

「車は事故を起こすかもしれない」

「徒歩は道に迷うかもしれない」……


デメリットはいくらでも考えることができてしまいます。

「だから、ずっと家にいます」

そんなわけにはいきませんよね。

かといって、デメリットをまったく考えないのは違います。

本当に起こりそうなことは、ちゃんと直視する必要があります。

その上で、そのリスクを引き受けるのです。


「車が事故を起こすかもしれないけど、その確率は低い。それに、もしものために保険にも入っている」


ということを認識して、行動を起こすしかありません。

そうして人は経験によってリスクに慣れていくのです。

日頃から考えるべきこと

たまにしか乗らない飛行機のことを考えると、

「墜落《ついらく》するかもしれない」

という不安が襲《おそ》ってくるものです。

それは、経験が足りていないから起こります。

また、不安に負けると、**「誰か特定の人の意見にすがろう」**という思考になってしまいます。

まさに思考停止の状態です。

だから、意思決定のスキルは早く身につけないといけないのです。

そんな不安がすぐに出てくる人は、日々の習慣によって変えることができます。

世の中のニュースで、「賛否両論があること」に、目を向けてみてください。

そして、**自分の意見を出すクセをつけましょう。**

「原発には賛成か、反対か？」

「死刑制度には賛成か、反対か？」

「夫婦別姓には賛成か、反対か？」……

これらに、自分なりの答えとして、「**いったん答えを出す**」ということ。

両方のメリットとデメリットを知った上で、

「自分はこっち」

というものを決めておく。

そのスタンスが大事です。


そのときにさまざまな誘惑が生じるでしょう。


「〇〇さんが言っていることだけを信じる」

「まあ、なんとなくみんな言っているから」……


そうやって、考えることから逃げていないでしょうか。

もう一歩踏み込んで、**事実やデータを見て、いったんどちらかにする。**

「デメリットとして、〇〇があるのはわかっている。ただ、メリットとして、〇〇がある。そちらのほうが自分にとっては大事だ。だから、私は賛成する」

ということを考えるようにする。

意思決定のクセをつけるには、その積み重ねしかありません。

デメリットの判断軸

デメリットをただ恐れるのではなく、「直視する」ということが大事です。

受け流せというわけではなく、「リスクを考える」ということです。

何度も述べるように、失敗は大事です。

しかし、中には「**取り返しのつかない失敗**」もあるにはある。

いくらデメリットを受け入れるとはいえ、

「給料をすべてギャンブルに突っ込みます」

という決断は、意思決定ではありません。

食費や家賃などの生活費を計算して、その分を確保し、お小遣いの範囲内ですべてを賭《か》けるのであれば、別に誰からも文句を言われないでしょう。

もしギャンブルに失敗しても、生活できますから。

そうやって、

「**取り返しがつくかどうか**」

ということが、判断軸となります。

当たり前ですが、無茶をすることが意思決定ではないということです。

141ページでも述べたように、目先のデメリットは、未来に視点を置くことで利益反転が起こり、メリットになることがあります。

「今は勉強がつらい。しかし、1年後に英語が話せる」

「毎日、筋肉痛でつらい。しかし、1年後に筋肉がついている」

そういう未来のメリットを選びとるのです。
だから、目の前の「勉強という苦痛」や「筋肉痛」を受け入れる。
それと似たように、ビジネスにおいての「リスク」を捉えないといけません。

「見えないデメリット」のことを考える

見える損失は、わかりやすい。
ただ、「**機会損失**」という言葉があります。

もしそれをやっていれば、できた可能性があるもの。
それを計算しておく必要があります。

営業において、将来、成長するような企業と丁寧にお付き合いをしておくと、その後、どうなるでしょう。

初期の段階から面倒を見てくれたなら、もし大きくなったときに、「あの頃、支えてくれた」と言って、いい関係性が続くことでしょう。

とはいえ、その企業が成長するかどうかを100％見抜くことは至難《しなん》の業《わざ》です。

その不確実性があるときから時間や労力を投資するから、大きなリターンとなるのです。

それは、「機会損失」に着目したからこそ、成し得たことです。


「**今やっておかないと、未来に損すること**」

そのことに取り組みましょう。

その決断をする。

「何が起こるかわからない」という「**不確実性**」と共に生きていきましょう。

「よく考える」の中身

「よく考える」という言葉があります。
これは、きちんと定義されないと、誤解を生み出しかねません。
その問題について述べましょう。

「時間の重さ」について

ためしに、次の2つの言葉を聞いて、それぞれどれくらいの時間を想像するでしょうか。

「すぐに決めてください」

「慎重に決めてください」

おそらく、**人によって解釈はバラバラでしょう。**

では、自分の子どもから、次のように言われたらどう感じますか。

「将来の進路について、1時間考えて決めたよ」

いかがでしょう。

早いほうですか。それとも遅いほうでしょうか。

「たった1時間？　もっと考えたほうがいい」

と思ったことでしょう。

解像度

たしかに、「将来の進路」という大きな決断において、1時間という時間は物足りない気がします。

しかし、その子は、これまでにたくさんの情報に触れていることでしょう。

親や先生、友達から、さまざまな意見を聞いた。

さらに、インターネットや動画、記事によって、情報も仕入れている。

それらを総動員して、最終的に1時間、机に向かって、じっくり考えたのです。

そう思うと、

「よく考えた」

と感じないでしょうか。

「瞬発力」は、いらない

あなたの仕事でも、同じ状況があると思います。

ある期限までに決断しないといけない課題があるとしましょう。

そのために、必要な判断材料を並べ、ためしに「実際の1時間」を体感してみてください。

その間、スマホを触るのはダメ。

1つの物事に関して、1時間を費やしてみるのです。

60分、3600秒を体感する。

いかがでしょう。きっと長いはずです。

「**よし、十分に、よく考えた**」

と感じることでしょう。

つまり、合理的に賢く考えたい人は、「**時間的な余裕をつくる**」ということです。

「本能的に結論を出してしまう」

「反射的に答えを与えてしまう」

そんな失敗を避けるためには、1時間ほどあれば十分です。

本書で繰り返している**「すぐ決める」「即決」という表現は、もしかすると誤解を生むかもしれません。**

まるで、現場の声を聞かずに、会議室でたった1秒で決めないといけない気がするかもしれません。

刑事ドラマで、時限爆弾を目の前にして、

「赤か、青か。どっちを切ればいいですか?」

というようなもの。

緊急事態に政府の会議において、

「総理、自衛隊を出動させるかどうか、いますぐ決めてください!」

と言われるようなもの。

医療ドラマで、

「患者の心拍数が下がっています! どうしますか?」

と言われるようなもの。
そのようなシーンを想像してしまいます。

ただ、仕事は、そんな緊急ではないことがほとんどです。
瞬発力は必要ないのです。

「断り文句」を考えているだけ

集まった情報と向き合い、1時間ほど考える。
いや、30分考える。もしくは10分考える。

それだけでも、じっくりと考えることができるでしょう。
それ以上の時間をかけてしまうのは、ただ「勇気」がないだけかもしれません。
あるいは、「**いい断り文句」を考えている**のでしょう。
だから、「検討します」と言いたくなる。

ただ、相手の時間のことも考えましょう。

さっさと断ったほうが、相手は次の行動が取れるのです。

いい返事を期待させておいて、精一杯、時間を引き延ばし、「やっぱりできません」と言われるほうが迷惑です。

自分に置き換えたら、わかることでしょう。


もし本当に時間が必要なのであれば、意思決定の3つの箱の「**2 情報不足**」と「**3 期限を設定する**」を思い出してください。

「どんな情報が足りないのかを提示する」

「具体的な期限を提示する」

というアクションをとりましょう。


無闇に時間をかけて、「検討」という言葉に逃げることが「よく考える」ということではない。

そのことを押さえておきましょう。

「会議」の本当の必要性

意思決定をするのに「会議」は有効なのでしょうか。

もしかすると、何時間にも及ぶ会議を毎週のようにおこなっているかもしれません。そこには、きっと「ムダ」があるはずです。

まず「意思決定者」を決める

最初に思い当たるムダは、「全員の納得」です。

反対意見を出した人に配慮して、納得を得ようとしていないでしょうか。

大事なのは、ここまで書いてきたように、「**意思決定する人がいったん結論を出す**」ということを全員が知っておくことです。

そして、それを責めない。

「限られた情報」と「限られた時間」。

その中で、意思決定者が意思決定をするのです。

ダラダラ話し合えばいいわけではないし、必要以上に配慮しすぎないことです。

そのためには、会議を開始する前に、「意思決定者」を決めておく必要があります。

「**誰が決めるのかを最初に決める**」ということです。

裁判には裁判官がいますし、野球には審判がいます。

それと同じ状況にしましょう。

会議は会議、雑談は雑談

そもそも「誰が決めるのか」をハッキリしていない会議は、やってはいけないのです。

どんな議論になっても、最後は1人の責任者が決めないといけません。

そして原則は、全員の理解や納得を得る説明をしないことです。

とはいえ、人間的に感情が出るでしょう。

多少のフォローをすることがあってもいいと思います。

とにかく、会議がガス抜きにならないように。

もし雑談が目的なのであれば、それはそれとしていい。

ただ、それは「**会議ではない**」のです。

もし、議論の末、判断する材料が足りなかったり、決めきれないのであれば、「意思決定の3つの箱」の「**2 情報不足**」と「**3 期限を設定する**」に入れましょう。

どういう情報が必要なのかを伝えたり、期限を決めるようにしたりします。

そうすることで、会議の参加者は、次の行動に移ることができます。

そこまですれば、会議は生産的なものになるでしょう。

「これ、前にも話したよね」と思うような会議は最悪です。

リーダーは、そういうことがないようにしましょう。会議スタート時の雑談くらいはあってもいいですが、それが目的にならないことです。

「**なんでも話を聞いてくれる**」

「**話したがりの人だけが話している**」

という状況を作らないこと。

詳しくはファシリテーション関連の本に譲りますが、意思決定という観点からいうと、「誰が決めるかを全員が認識しておく」ということです。

それを徹底しましょう。

「反対意見」を言わなければいけない責任

前項で、「責任者が意思決定をする」と述べました。

すると、「部下やメンバーは命令に従うしかないのでしょうか？」という反論ができます。それはまったく違います。それについて述べましょう。

「責任と権限」がある

部下やメンバーは、それぞれ自分に任された**「責任と権限」**があります。

だから、その人が自分の責任を果たすために、「反対意見」があるのであれば、それを言わないといけません。


「新商品へのクレーム対応が多すぎます。今後、扱わないようにしてほしいです」

「新しいシステムを使いこなせていません。別のシステムに変えてほしいです」

「アルバイトの育成に手が回りません。これ以上は採用してほしくありません」……


など、**責任者が持っていないネガティブな情報を伝えないといけない**のです。

なぜなら、それを伝えないと、自分の責任が果たせないからです。

自分の仕事のために、上に伝える責任があるのです。

その役割をまっとうする必要があるということです。


その権限を持っているのだから、積極的に反対意見やネガティブな情報を出せばいいのです。

「上の命令に盲目的《もうもく》に従え」ということではありません。

同調圧力を「責任」で乗り越える

ここでも感情の問題が生じます。

「自分だけ違う意見を言いたくない」
「仲間外れにされたくない」

そのように「**同調圧力**」が絡んでくるからです。
これは、リーダーとのコミュニケーションや会議の進行の仕方にも関係してくるでしょう。

「反対意見を真正面から受け止める」
「好き嫌いによって決めない」
「出てくる意見を拒《こば》まないような進行をする」……

解像度

など、同調圧力が生まれることを見越して、コミュニケーションをとったり、会議の仕組みを設計したりするといいでしょう。

もし、どうしても会議のように全員が見ている場で「反対意見を出せない」と言われるのであれば、そこに配慮することも最終手段としてあります。

たとえば、意思決定者である上司にメールで伝えてもいいでしょう。

ただし、**あくまで決めるのは、意思決定者です。**

そこは変わりありません。

「反対」を受け止めるスタンス

先ほど、「反対意見を真正面から受け止める」ということをあげました。

会議のような場では、自分と反対の意見が出ます。

それを受け止めないといけません。

ここで振り返りです。

112ページのディベートの話を思い出してください。

反対されるということは「攻撃ではない」ということです。

どうも日本社会では、

「私はそう思いません」

ということを言うと、相手を否定したことになってしまいます。

「あの人は、私のことが嫌いなんだ」

「悪意があるから自分の話を遮《さえぎ》ったんだ」

「自分の人格を否定された」

ということを言い出す人がいます。

それに対して、

「**それは反対意見であって、あなたを否定しているわけではない**」

ということを周知する必要があります。

それが当たり前である環境を整えましょう。

最初のうちは、フォローも必要かと思います。

人にはアイデンティティというものがあります。自分の仕事に意見を言われると、反射的に、それにイライラしてしまいます。

しかし、環境によって徐々に慣れていくものです。

中途入社の人であろうと、その文化に順応させる必要があります。

もっと言うと、会議などの場では、

「反対意見が出ないほうがおかしい」

ということでもあります。

部下やメンバーには「権限」があるのだから、それを行使してもらい、意見が出るほうが自然なのです。

「厳しさ」とは何か

自分で決めることに対して、自分でデメリットを考えることができると、客観性を帯びるようになります。

より、「修正」という機能が果たせるようになるでしょう。

簡単にいうと、「疑ってかかるクセがつく」ということです。

ただし、それが足を引っ張ってしまっては本末転倒です。

デメリットを把握して、リスクを認識し、「それでもやる（もしくは、やらない）」という意思を持つのです。

そうやって客観性を身につけましょう。

これまでの私の本にも書いたように、「**厳しさと優しさは表裏一体**」ということが言えます。

たとえば、あなたがTシャツを裏表に着ているとしましょう。

「それ逆ですよ」と言ってくれる人は、厳しいでしょうか。

いえ、優しいですよね。

それなのに、中には、「恥をかいた」と怒り出す人がいます。

たしかに瞬間的に、感情が出ることはあるでしょう。

しかし、少し考えてみて、「**親切に教えてくれたんだ**」と理解することは、誰にでもできるはず。

それでも、「言い方がムカついた」「顔が笑っていた」と、腹を立て続けるでしょうか。

自分にとって厳しい意見やフィードバックを、いかに客観的に受け入れられるかが問われます。

「会議」でも同じです。

「評価面談」でも同じです。

前に進める人は、物事をプラスに捉えます。

自分にとって、何がコントロールできて、何がコントロールできないのかの線引きがハッキリとできているのです。

あらためて、**「賛否両論のマインドセット」**を思い出しましょう。

意思決定をするときは、デメリットをゼロにするのではありません。

本章で書いてきたように、ちゃんとデメリットに向き合う。

リスクを受け入れる。

その上で、メリットのほうを選ぶ。


そういった意思決定を続けるのです。

そして、デメリットが思い浮かばないときのほうが、リスクを考えていないのだから逆に危ない。

論理的に、そう考えるようにしましょう。

「リスク0%」を目指さないといけないとき

ただし、中には、デメリットをゼロにしないといけない場合もあります。

たとえば、**「生命に関わるとき」**です。

誰かが死ぬ可能性があるときに、「それでもメリットを選べ」ということは言えません。

事故が起こる確率は、限りなく0％に近づけなくてはいけません。

医者の場合、手術をするときに、患者にリスクを伝えます。

「成功する確率は50％です」

ということを、患者に提示する。

その上で、患者が選べるようにするのです。

そういうものと、今回の意思決定は、**性質が少し異なること**を押さえておきましょう。

手段としての「感情コントロール」

最後に**「感情コントロール」**について述べておきましょう。

私は脳科学や精神医学の専門家ではありませんが、「感情コントロール」は識学において重要なので、参考までに押さえておいてください。

原始的な方法

反対意見を言われると、つい感情が出てしまいますよね。

もしくは、目の前で後輩を指導していると、つい説教したくなる。
そこでの判断は、間違える可能性が高い。
だったら、できることは一つしかありません。
いたってシンプルですが、「クールダウンする」ということです。
「15分、30分、1時間……。1人きりで考える時間を作る」ということです。

原始的ですが、それしか方法はありません。
判断の質を高めるためには、冷静になってから理性で考えるしかない。
そして、論理的に判断するのです。
ゆっくりと冷静に決める。ただそれだけです。
それだけで決断の質は高まるのです。

余談ですが、感情と話を絡めると、そもそも人には放っておくとサボる性質があります。
だから私は、「**マネジメント**（**管理**）」を推奨しています。

巷では、「管理職は必要ない」ということが言われますが、これには反対です。
お金は、「管理」しなければ、使ってしまいます。
勉強は、「管理」しなければ、先延ばしします。
仕事は、「管理」しなければ、手を抜いてしまいます。

何事も、「管理」が先にある。

それが習慣化すれば、徐々に管理が必要でなくなっていくことはあります。
しかし、逆はあり得ない。
その順番なのです。
感情的な人間を、社会では理性によってコントロールする。
その方法を味方につけるしかありません。

一呼吸を置くということ

重大な意思決定をするときは、その前に一呼吸、「**自分の感情を整理すること**」をしましょう。

「お腹が空いていたら、イライラします」
「家族の問題が起こっていたら、モヤモヤします」
「仕事に追われていたら、あたふたします」……

「ここぞ」という大きな意思決定のときには、そういう状況をなくしておかないといけません。

そういったストレスがないことを確認して、意思決定に臨んでください。

2章の実践

問題の「解像度」を上げてみる

2章では、問題の「解像度」について述べました。

日々の業務において、漠然とした課題について考えてしまっていないかを振り返りましょう。

営業として、自身のサービスの「解約率が上がっている」という問題を抱えているとしましょう。

仕事をしていて、つい次のようなことを考えてしまいがちです。

■「はたして、自分の仕事はお客さまにとって有益なのかどうか?」

いかがでしょうか。

そんなあいまいなことを考えていないでしょうか。

ここで気をつけるのが、問題の「解像度」です。

「○○をやるか、やらないか」というアクションレベルにまで落とし込めているかどうかです。

そこまで問題の解像度を高めてから、意思決定に移らないといけません。

先ほどの「解約率が上がっている」という問題の場合、具体的に、

■「解約率を下げるには何をすればいいのか?」

を考える必要があります。

ここで仮説を立てるのです。

たとえば、ここでは、

■「新規顧客の開拓《かいたく》より、既存顧客のケアに時間をかける」

という意思決定をすることができます。

また、もし自分に与えられた目標が「新規開拓を優先する」ということになっているとしたら、

■「既存顧客の解約率が上がり、全体の売上が下がっている」

というネガティブな情報を、上の意思決定者に共有する責任が生じます。

それを受けて、意思決定者には、そのネガティブな情報を「直視する」ということが求められます。

■「既存顧客と新規顧客。現場のメンバーはどちらを優先すべきか？」

について、意思決定をおこなわなければならない。
そのとき、「機会損失」という言葉を思い出してください。
「今やっておかないと、未来に損すること」
そのことに取り組むということです。
未来から逆算して、今の決断をする。
そして、その決定について、現場は従う必要があるのです。

以上をもとにして、

■「はたして、自分の仕事はお客さまにとって有益なのかどうか？」

というあいまいで大きな問題を、

■「既存顧客に7割の時間を使う前提で営業をおこなう」

という、自分の責任に応じた具体的なアクションに変えることができます。

また、その問題に関しては、必要な判断材料を並べ、十分に考えてから、結論を出しましょう。

素早く決断を出すことによって、現場のメンバーは行動が取れるのです。

もし、会議にかけるときは、以下のことに注意しましょう。

まずは、「意思決定者が誰なのか？」ということです。

会議に参加する全員の納得を目指すのではなく、時間内に限られた情報の中で、1人の意思決定者が決めるということです。

そして、それを後から責めない。

もし、議論の末、判断する材料が足りなかったり、決めきれなかったりするのであれば、132ページの意思決定の「3つの箱」に入れましょう。

また、反対意見が出ることは、「攻撃ではない」ということです。

リーダーや意思決定者は、

「それは反対意見であって、あなたを否定しているわけではない」

ということを周知する必要があります。

それが当たり前である環境を整えましょう。

最後に、「感情に負ける瞬間の判断は間違える可能性が高い」ということも覚えておきましょう。

感情が出たとき、できることは「クールダウンする」ということだけです。

原始的ですが、判断の質を高めるためには、冷静になってから理性的に考えるしかありません。

第 3 章

自分が決めない「聖域」

――情報の「ノイズ」

なぜか人は、キャプテンより、副キャプテンになりたがるものだ。
上に誰かがいることで、「責任」を回避できる気がするからだろう。
しかし、それは勘違いだ。
副キャプテンには副キャプテンの責任がある。
トップを避けたからといって、逃げられるわけではない。
そして、やがて「キャプテンにならないとできないことがあること」に気づくのだ。

何が正しくて、何が正しくないのか

意思決定は、限られた情報をもとにおこないます。
1章で紹介した意思決定の「3つの箱」に入れます。
それを受けて、こう思った人がいないでしょうか。

「**はたして集まった『情報』は本当に正しいのか？**」

その情報の中身について、3章で見ていきましょう。

「情報ではないもの」に注意

人は、この世のすべてを知ることはできません。

仕事においても、それぞれに専門領域があったり、部署に分かれていたり、役職に応じた立場があります。

つまり、**自分が知らないことを、他者は知っている**ということです。

だから、他者からの情報は重要です。

組織においては、部下やメンバーからのボトムアップによって、情報が集まります。

ただ、何が情報で、何が情報でないか。

それを見分ける必要があります。

「みんな言っている」

という言葉は、疑ってかかる必要があります。

自分に都合のいいことだけを言うときに、「みんな」という言葉を使いがちです。

「みんな」と言われると、つい「そうなのか……」と心配になってしまいますよね。

特に、気弱でいい人は、気にしがちです。

人は、大体「2〜3人くらい」の情報でも「みんな」と表現します。


たとえば、あなたの知り合いに1人、官僚の人がいるとします。

その人が、

「毎日残業で、0時に帰っているよ」

と言った場合。

それをどうとらえますか。

「そうか、官僚はみんな、0時に帰っているのか」

と思うことでしょう。

それだけ、たった1人の**「生の声」**は大きな印象を与えます。

その後、テレビを見て、

「働き方改革が進み、官僚も定時に仕事を切り上げています」

という報道を見ても、おそらく、

「**いや、じつはみんな0時まで働いているんだよね**」

と思うはずです。

あなたが直接、生の声で聞いたことの存在は大きい。

しかし、その思い込みを、疑ってかかる必要があるのです。

「声の大きい人」を認めない

同様の意味で、

「トップ営業のAさんが言っている」

というように、「**特定の個人の意見**」を持ち出されたときにも注意です。

権威性を持たせて、そのような情報を言いたくなる気持ちもわかります。

ただ、他人の意見は「感想」であって、「情報」ではありません。

もちろん、そのAさんの意見にデータや根拠などの「事実」があるのなら、話は別です。

その場合も、「Aさん」という人ではなく、「事実」を見ること。

ただ声の大きい人の存在を認めないこと。それが大事です。

「多数決」についても、慎重に扱うべきです。

学校のことを思い浮かべてください。

授業をすべきか、外で遊ぶべきか。それを子どもたちに聞いたらどうなるでしょう。

おそらく、「遊びたい」となってしまいます。

そこに先生が介入し、責任を持って「授業をする」ということを決める必要があるのです。

107ページの「**バイアス**」の話でも述べたように、物事には、さまざまな捉え方があります。

その人の「**主観**」が絡んできます。

「仕事がしんどい」

そういう人を見て、

「よし、じゃあ辞めていいよ」

と、決めることは優しさなのでしょうか。違いますよね。

その「しんどい」が、**どういう事実なのかを確かめる必要があります。**

本人の視点、同僚の視点、上司の視点、取引先の視点……。

そういうさまざまな視点があります。

目標を決めて、ある程度の負荷をかけるのは、必要なことです。

それを「しんどい」と言っているのか。

それとも、同僚との人間関係によって「しんどい」と言っているのか。

社会人であれば、言語化は必要です。

どういう「しんどさ」や「キツさ」があるのか、その「事実」をあげなくてはいけない。

そうした事実が意思決定の判断材料となるのです。

日本語の「曖昧さ」に注意する

断言することが避けられる時代です。

日本語では「言葉を曖昧《あいまい》にすること」で、コミュニケーションが円滑になる部分があります。

ただ、意思決定が必要なビジネスの場面では、**その「曖昧さ」を意識的に排除しないといけません。**

前項の「みんな」「個人の感想」「しんどい」などがそうです。相手の意見の中に、曖昧な表現が出てきたら、それを具体的にする必要があるのです。

ノイズ

あえて「つっこむ姿勢」

代表的なものを紹介しましょう。

まず、主語の大きな一般論をスルーしないということ。

■「Z世代は〇〇だ」「関西人は〇〇だ」

↓本当に全員がそうなのか？

次に、個人の主観を明らかにするということ。

■「あの人は、いい人」「あの人の言うことは聞かないほうがいい」

↓なぜそう思うのか？

さらに数字を押さえるということ。

■「よく起こる」「たまに起こる」
↓具体的に何回なのか？

こうやって曖昧な表現を特定するようにしましょう。
都合の悪いことをぼかして「なあなあ」にしているところを、あえて、つっこむのです。

別に、その人が憎くて重箱の隅をつつくのとは違います。
そして、すべてを正確に確かめることはできません。

「女性向けの商品を男性にも届ける」
「子ども向けを大人にも売る」

ということを考えたときに、すべての「男性」「女性」「子ども」「大人」で確認することは不可能です。

ノイズ

大まかな傾向として扱うのは許容すべきです。

ただ、わざと曖昧にしているところはつっこむ必要があるのです。

「根拠を見る」ということ

何をもって「その情報は正しいか」を考えるのは難しいものです。

ひとつコツがあるなら、それは、「誰が言うか」ではなく、

「**何を言うか**」

で判断するということです。


その人が話すことの「ロジック」を捉えます。

それをもって判断材料とするのです。

根拠のない情報に対しては、先ほどのように、

「**本当に？**」「**なぜ？**」「**何回？**」

ということを問う。

「なぜ？」と言われたほうも、そう聞かれることで初めてちゃんと考えるきっかけになったりするものです。

たとえ、相手が偉い人でも疑ってかかることです。

とはいえ、日常のコミュニケーションで、「なぜ？」と問い詰めるのは難しいかもしれません。

しかし、ビジネスの場であれば、しっかりと聞くクセをつけましょう。

その習慣により、意思決定の精度は上がっていきます。

あるいは、個人的に嫌いな人がいるかもしれません。

しかし、「事実」の情報をあげてくるのなら、それは公平に判断しないといけない。

これは難しいことだと思います。

それでもやらないといけない。

好きなメンバーが、「競合他社が値下げしていますよ」と言う。

嫌いなメンバーが、「競合他社が値下げしていますよ」と言う。

それは同じことです。

ここで「リーダーの仮面」が必要になります。

相手との距離感を保つことにより、公平に情報を見る。

その役割が求められるのです。


現場での声。専門家の意見。新聞などから取れる一次情報。

さまざまなものが情報となりえます。

ただ、ビジネスをする場合に、「世の中で○○が流行している」ということがニュースになってから着手するのでは遅い。

誰もが知ってから動くのでは、もう手遅れです。

不確実性のあるうちに行動するから、総取りできるのは間違いありません。

その判断をし、リスクを取ることが大事なのです。

「因果関係」を間違えない

情報の取り扱いは難しいものです。

「風が吹けば桶屋《おけや》が儲かる」ということわざがありますが、その力を信じすぎるリスクもあります。それについて解説しましょう。

無理やり「因果」にしていないか

人は、**都合のいい「ストーリー」を作り上げてしまいます。**

ノイズ

「自分がガラガラのお店に入ったら、それが呼び水になってお客さんがどんどん入ってきた」

そういう錯覚を起こします。

「優秀な人はみな、モチベーションが高い。だから、先にモチベーションを上げるべきだ」

これも典型的な間違いです。

その実態は、

「仕事で結果を出すようになったから、どんどん仕事が楽しくなり、結果的にモチベーションが上がっている」

というものです。

その順番を間違えてはいけない。

因果関係のないところに因果を用いてストーリーに仕立て上げてしまうのは、よく起こることです。私自身も、気をつけていないとやってしまうことです。

因果関係を間違える例は、本当に多くあります。

「年収が高い人は、本を読んでいる。だから本を読めば年収が上がる」

これも、怪しいでしょう。

おそらく、年収と読書量は、直接的な因果関係にはありません。

「大谷翔平《おおたにしょうへい》さんがマンダラチャートを書いていました」

それをマネしたからといって、誰もが大リーグで活躍できるわけではありません。

とはいえ、すべてを見抜いたり、確かめたりはできません。

ただ、「**人はときにストーリーを作り上げてしまう**」ということを、知識として持っておくことはできます。

そうしたことに、自覚的になりましょう。

運と実力の捉え方

「仕事ができないのは、〇〇のせいだ」と考えたくなるのもわかります。

でも、そこから逃げてはいけない。

ノイズ

「他人のせい」「環境のせい」など、自分以外のせいにすることは簡単です。

ただ、**どんな物事でも、「自分の責任」について考えることはできるはずです。**


「なぜうまくいかないのか」

「自分でコントロールできる部分はどこなのか」

その部分を考えないといけません。


しかも、その原因は、1つではないかもしれない。

もし特定できたとしても、それが正解であり続けるわけではありません。

つねに、考え続けないといけない。答えは変わる。

だから、意思決定し続けるのです。


「自分でコントロールできない部分もたしかにある。ただ、それを除いて、自分の何がいけなかったのだろう?」

と、我が身を振り返ることです。

反射的に他人や環境のせいにしないことです。

とはいえ、自分を責めすぎるのも同時によくない。自分の性格や特性を責めても仕方がないことです。

そんなときは、具体的な行動を責めるのです。それによって、次への対策が取れます。

ある程度の反省をしたら、「次はこうすればいい」と決めて、次に進む。

この思考体系を作っておくことが必要なのです。

人は「立場」でモノを言う

また、同じものを見ていても、「立場によって意見が変わる部分がある」ということも受け入れておかないといけません。

社長は社長の立場。

部長は部長の立場。

新入社員は新入社員の立場。

それぞれの立場で、視点が異なるのは大前提です。

それぞれの責任が異なるから、意見が異なるのは当然です。

その立場に応じて判断をするということです。

社長は社長の責任に応じて意見を言うし、新入社員は新入社員の責任に応じて意見を言う。

相手の言っていることが納得できないなら、ワンクッション、

「この人は、どの立場にいるのか?」

を想像することは可能です。

その一呼吸により、「感情」を切り離すことができます。

情報の「ノイズ」を減らす

ここまで述べたように、情報を正しく見ようとするスタンスは必要です。

職場では、つねに多くの情報が行き交います。噂話もあるでしょう。

その中には、「**ノイズ**」もあるのです。それを排除する話をしておきましょう。

「対処すべきこと」を見極める

たとえば、次のような情報共有があるとします。

ノイズ

「AさんとBさんは仲が悪い。だから一緒にしないほうがいい」
「Cさんが辞めそうな雰囲気だ。配慮したほうがいい」
「Dさんのやり方はずるい。気に入りません」
「Eさんの言い方がキツい。どうにかしてほしい」

これらは、このままの情報であれば「ノイズ」です。

いずれも、**感想の域を脱していない**からです。

特に多いのが、AさんとBさんの例です。そこに配慮する必要はありません。

Cさんの場合は、その裏側に問題があるかどうかは掘り下げましょう。もしかすると、「業務過多が発生している」などの問題があるかもしれません。

それに対しては、対処が必要になります。

Dさんの「やり方」については、問題を起こすリスクがあるのなら、観察すべきかもしれません。ルール違反があるのであれば、上司が注意すべきです。

Eさんの「言い方」も、具体的に確認しましょう。

「会議の場で『バカ』と言った」など、決定的な違反があれば、それはハラスメントに該当します。

それに対しては、もちろん対処しなくてはいけません。

ただ、人の好き嫌いは多少あるのが会社組織です。**感覚的に「合う・合わない」はどうしても発生します。**

社会人なら、それをやり過ごすスキルが必要なことは覚えておきましょう。

「いい人」はキャパオーバーする

「事実」を拾うようにするだけで、何が正しい情報かを見極められます。

そして、それ以外は「ノイズ」とする。

これだけで、仕事におけるストレスはグッと減らせます。

感想レベルのノイズは、スルーする。

ノイズ

決定的な事実があるものは、意思決定者が責任を持って対処する。

その2つでしか問題解決はしないのです。

つい、人は優しいので、「なんとかしたい」と思ってしまうものです。

悩みを聞いたら、それを自分ごとのように抱え込んでしまいます。

それは一見、素晴らしいことに思えるでしょう。

しかし、それを続けていると、いつしか自分のキャパシティを超えてしまいます。

「その問題は私が預かります」

という対処ばかりしていて、抱え込んでしまうと、最後には体を壊したり、メンタルを崩したりする。

そんな話が職場では絶えません。

ノイズをノイズとしてスルーしておけば、そこまで抱え込む必要はないのです。

その思考を手に入れるようにしましょう。

「ノイズをスルーする」というスタンス

人の感じ方はそれぞれです。

どんな人でも、何かに対して感想を持つものです。

ただ、それを「ノイズ」と捉えてみる。

いちいちノイズに反応していると、ストレスを生み出します。

「相手を説得しようとしない」というスタンスでいることのほうがメリットは大きいです。

そして、自分が変えられることに取り組む。

自分が向き合うべき「事実」だけを見る。

時間も労力も、リソースは限られています。

それをどう配分するかが大事です。

線引きをして、スルーする。「ノイズ」を「ノイズ」として捉える。

そのスタンスに慣れるようにしましょう。

ノイズ

「一次情報」の取り扱いについて

情報は、自分で取りに行くものでしょうか。

というのも、一次情報をつねに現場に取りに行こうとする人がいるからです。

「自分の目で見ないと気が済まない」

というパターンですね。

それについて触れておきましょう。

現場で知ることの限界

もちろん、現場に行って状況を見ることをすべて否定はしません。

ある程度の「観察をすること」は有効です。

ただ、**それに時間をかけすぎるのは、NGです。**

多くの場合、現場に行ったとき、その人が収集できる情報には限界があります。

工場見学をして、その工場のことをすべて知ることができるでしょうか。

おそらく、さわりの部分しかわからない。

現場のことは現場の人が知り尽くしているのが大前提です。

さらに、現場では、ある程度の配慮がなされます。

たとえば、飲食チェーンの社長が、あるお店に視察に来ることを想像してみてください。

建前では、「抜き打ち」と言っているかもしれません。

しかし、事前に「来週は社長が来るから、いつも以上に徹底するように」ということが店長に伝わるでしょう。

いつも以上に、丁寧に掃除をし、接客をし、挨拶《あいさつ》の声も大きくなる。

悲しいかな、人はそういうものです。

そこで社長が取ってくる情報は、本当にリアルな一次情報なのでしょうか。

「現場に足を運べ」というのは、必ずしも正解ではありません。

ある程度は、現場に任せていくしか方法はないのです。

「いい情報だけ」を報告しても仕方ない

「いい情報だけを上にあげるのでは?」

という反論があります。

しかし、考えてみてください。

現場において、目の前に問題があるのであれば、それを解決しなければならないでしょう。

それを解決するために、上の判断を仰ぐ必要が出てくる。

現場の責任からは逃れられません。

だから、もし悪い情報を見て見ぬふりしてしまうと、結果的に「**自分で自分の首を絞《し》めることになる**」のです。

自分の責任に向き合うと、自然と「悪い情報を報告する」ということができていきます。

「スタッフの人数が足りていません」
「教育のために、研修が必要です」
「隣にライバル店が進出しています」

と、情報を上にあげる。

ノイズ

それをしないと、「売上を達成できないかもしれない」し、「任された事業が失敗するかもしれない」のです。

自分ごとだから、悪い情報でも堂々と言えるはずです。

それを受けて、上の立場の意思決定者には次の一手を打つことが求められます。

もちろん、その情報をもとに、

「隣のライバル店がどういう状況なのかを見に行く」

という程度のことは、意思決定の前に必要かもしれません。

ただ、時間をかけすぎないのが大事です。

どのように決めるかは、「**3つの箱**」を振り返りましょう。

以上のように、それぞれが自分の責任を果たすために、自然と情報があがるような職場を作ることが大事です。

現場の悪いことを隠して困るのは、その現場にいる自分自身なのです。

どうしても現場に行かないといけないとき

ある営業リーダーは、部下の報告を受けて、次のように思いました。

「進捗《しんちょく》会議での報告の内容と実態に乖離《かいり》がある」

その部下は、どうも、**「期待させることが上手」**なようです。

それに対して、指導することが求められます。

本来であれば、定期的な会議において、プロセスを評価せずに、結果を突きつけるだけで、本人が変わることを期待しないといけません。

ただ、その人の場合、あまりにも乖離が大きすぎたり、上司や同僚を期待させたりすることがクセになりすぎている。

そこでやるべきことは、クライアントとの打ち合わせに、上司が同席することです。

実際に、どういう商談をしているのかを確認しないと、根本的な問題が解決しない。

そのように判断しました。

これは、最終手段として、たまにやる方法として有効です。
どうしても見ないといけない情報は、多少あります。
ただ、それが常態化しないようにする。
すべての商談について行くわけにはいきません。
最低限にとどめて、そこで修正を図るのです。

そのように、柔軟に対応すべきではありますが、**原則では「一次情報は取りに行かない」ということ。**
現場を信頼して、責任と権限を与えるということです。

自分が決めるべきではない「聖域」がある

3章では、意思決定のための「情報」の中身について見てきました。
それは、この話をしたかったからです。

「**自分で決めないことを決める**」

ということです。自分が関与してはいけない「**聖域**」があるのです。
ここまではそのための助走でした。

「自分ができること」をやる

なぜか、社員になると、他社の商品がよく見えます。

「なぜ、ウチの商品はダメなのか」

ということを、平気で言うようになります。

そういう社内批評家が多すぎます。


だったら、思うのです。

「**改善点を情報共有できるはずだ**」と。


自らの責任に応じて、人を巻き込むことができるのです。

それをせずに、ただ文句だけを言うビジネスパーソンには、絶対にならないでほしい。


「他社のほうが素晴らしい」と、もし本心でそう思うのなら、転職すればいい。

あるいは、自分でビジネスを始めてみればいい。

他社が羨《うらや》ましいと思ったら、**「自分が今の職場で何ができるか」**を考えてください。

口だけ出すのはやめましょう。

「責任と権限」が人を動かす

意思決定をするためには、**「責任と権限の一致」**が大前提です。

わかりやすく、2人の組織として説明しましょう。

1人は責任者、もう1人は実働者です。

そこには上下の関係が生まれます。人間としての上下ではなく、機能としての上下です。


まず先に、責任者の責任を決めます。

ノイズ

「何を果たすべきなのか」を明文化します。チームの売上目標などがわかりやすいでしょう。

そうすることで、責任者は、自らの責任から逃れられなくなります。その責任を、下の実働者に押し付けることはできないのです。

「部下のせいにする」ということがないよう、自らの責任に基づき、ルールを決めることができます。

あるいは、実働者が目標をクリアするために、**「権限を与えること」**も意思決定のひとつです。

「自由」と「権限」は異なります。

勝手にさせて迷わせるのが、「自由」。

ある程度の範囲を決めて、あとは任せるのが「権限」。

ある程度、自由に動ける枠を作り、その範囲内で決定権を与えるのです。

それは、道路における「ガードレール」をイメージしてもらうとわかりやすいでしょう。その内側では安心して走り回ることができます。

枠を作って、あとは部下を信じる。
結果が出ないときは、責任を引き受ける。
そこはリーダーとしての覚悟の部分ですね。
さらに、どうすればうまくいくかの改善点を考えて、次なる意思決定をする。
その繰り返しです。

意思決定が「軸」となる

部下の側から見ましょう。
意思決定の責任を上司が負っています。
そうすると、部下には「**実行する責任**」が生まれます。
「決められた範囲内で任されたことをやる」ということです。
与えられた権限の中で試行錯誤して、ＰＤＣＡを回すことが求められます。

ただ、意思決定の責任までも部下が負わされると、実行ができなくなります。

部下が上司の言う通りに実行して、チームの結果が出ないのであれば、それは上司の責任です。

そして、意思決定を改善する必要が出てくるのです。


こうやって、**責任の所在を曖昧にしないこと。**

それぞれが何の責任を負っているのかを明文化すること。

その土台があってはじめて、パーフェクトな意思決定は機能するのです。

「決めない」という意思決定

意思決定において問題になるのが、**「責任の押し付け合い」**です。

組織にいる以上、それぞれが何かしらの責任を負っています。
ただ、問題が生じるのは、「責任」と「権限」が一致していないときです。
それが「言い訳」を生み出します。

組織運営では、つねに「責任」と「権限」が合致している状態を、それぞれのメンバーの意識上に置いておかなければなりません。

ノイズ

■「責任」＞「権限」：責任に見合った権限を行使しない「免責」の状態
■「責任」＜「権限」：責任を超えた権限を使う「無責任（既得権益）」の状態

ということになってしまうのです。

それぞれ説明しましょう。

「免責」が起こるとき

まず、「**免責**」についてです。

現場のメンバーが決めないといけないことがあるとします。

たとえば、「お店でどのようなＰＯＰを書くか」というレベルのことです。

とはいえ、そこに正解があるわけではないし、現場の人も最初はきっと不安になることでしょう。

「こんな派手なPOPでいいですかね？」

「赤いPOPと青いPOP、どっちがいいですかね？」


そのようにして、誰かに決めてもらいたくなると思います。

本人に権限があるのに、それを行使していない状態です。

もし相談があったときに、店長は、どのように返すべきでしょうか。

「それは、あなたがいいと思ったほうに決めてください」

と、その人に権限があることを伝えるべきです。

これが現場の人の成長のために必要な距離感です。


ただ、優しい人だとそれができないのです。

「赤のほうがいいんじゃない？」

と、良かれと思って「アドバイス」をしてしまいます。

その「良かれ」が、現場の成長を止めてしまうのも知らずにです。

これが、代表的な「免責」の失敗例ですが、どんな会社でも起こることです。

ノイズ

ある企業に、社長と営業部長がいました。

社長には、「市場からの評価を獲得する」という責任があります。

そして、営業部長に「営業部としての売上の責任」を与えます。同時に、「ターゲット企業の決定権を渡す」という権限を与えました。

ここまでが、社長のおこなった意思決定です。

それを受けて、営業部長は、ターゲットをどこにするのか。

「今年度は、『不動産業界』への営業を集中的に開拓します」

などの意思決定をすることが求められます。

その営業部長の意思決定に対して、

「いや、不動産業界より製造業界のほうがいいのではないか？」

と、社長が口出しをすると、問題がややこしくなります。


社長は「権限を与える」という意思決定。

営業部長は「ターゲットを決める」という権限。

それが明文化されたのですから、その通りに実行しないといけません。

つまり、社長は「**任せないといけない**」し、営業部長は「**自分で決めないといけない**」ということなのです。

というように、先ほどのPOPの相談を受けた店長も、ターゲット企業について口出しをした社長も、部下の権限を奪うことから起こる「**責任のお裾分け**」を受け取らないようにするのが大事です。

相談をされると、心の中では、「自分がいなきゃダメだよな」と思って嬉しいかもしれません。

しかし、それはじつは権限を奪っていることになるのです。

「無責任（既得権益）」が起こるとき

逆に、「**無責任（既得権益）**」についてです。

ノイズ

それは、権限がないことに対して決めてしまうことです。

つまり、「越権《えっけん》する行為」です。

これは、先ほどのＰＯＰの相談を受ける店長や、営業部長に意見を言いたくなる社長とは異なり、タテのライン以外で起こります。


たとえば、同僚にベテランのバイトの人がいるとします。

なぜか、その人とは無関係の業務でも意見を聞かないといけない不文律がある。

「今回のＰＯＰ、これでいいですか？」

と、確認しないといけない。

「もっと大きくしないと目立たないよ」

とアドバイスをされて、それを実行しないといけない。

そのとおりにして、うまくいかないとき、そのベテランは責任を取ることができるでしょうか。

できませんよね。

アドバイスを聞いた人も、

「あの人に言われたとおりにやっただけです……」

となってしまい、**失敗の責任が放置されます。**

誰が責任を取るのか。

それが見えなくなってしまうのです。

このベテランの行為が、「無責任（既得権益）」です。

承認欲求と戦ってください

自分が何を決めて、何を決めないか。

その線引きをしっかりとするのです。

すると、本来の責任者の立場が明確になり、与えられた裁量での意思決定に臨むことができるでしょう。

しかし、人の上に立つと、多くの誘惑が生じます。

「自分のほうがたくさんの経験がある。だから、意見を聞いてくれるのは嬉しい」

ノイズ

そんな場面です。

ただ、そこで承認欲求のスイッチを入れないことです。

責任においての言い訳を作らないように、

「**これ以上は決めない。あとは任せる**」

ということを決めてください。

その決断が、部下や組織を強くしていきます。

「権限を与えない人」は罪

3章の最後に、なぜ「権限を与えない」ということが起こるのかを述べましょう。
権限を与えないと何が起こるでしょうか。
そこには、「**自尊心**」が絡んでいます。

人は「頼られたい生き物」

「○○をしたいのですが、よろしいでしょうか？」

ノイズ

と、お伺いを立てられると、あなたなら、どう思うでしょう。

きっと、「自分が重要な立場にいる」という優越感を感じることでしょう。

頼りにされると、権力を持っている錯覚を覚えます。

ここで自尊心が満たされます。


その状態は、非常に気持ちいいことでしょう。

「あの部下も、この会社も、自分がいなきゃダメだよな」

という錯覚を起こす。

実際は、そんなことはないのに。

そして、その状態が続くと、いつまで経っても、部下は成長しません。


これが組織全体の成長を止めるのです。

権限を与えないのは、それだけで罪深いことです。

それを覚えておきましょう。

自分の存在意義を誰もが大きくしたいものです。
自尊心を傷つけたくありません。
この感情が、本当にタチが悪いのです。

「責任を逃れること」の誘惑

「責任を引き受けますか？」

と聞くと、誰も「はい」とは言いません。

本章の冒頭で書いたように、「キャプテン」にはなりたくない。しかし、「副キャプテン」にはなりたい。

副キャプテンには責任がないように見える。しかし、**人の上に立っている気になれる**。そんな立場だからでしょう。

「責任」という言葉には、ネガティブなイメージがつきまといます。

ただ、ここまで読んでもらえれば、そのイメージはひっくり返ったことでしょう。

責任を受け入れると、「**自分で決めることができる**」ということ。

リスクを引き受けて、大きな成功を得ることができます。

そして、失敗したら、「自分のせい」として跳ね返ってくることで、成長を得るかもしれない。

どちらに転んでもいいのです。


会社組織において、一発アウトの失敗なんて、そうそう起こるものではありません。

せいぜい、次の評価が下がるだけです。

チャンスはまた与えられます。


「自分のせい」ということを、前向きに捉えましょう。

それがあるから、働くことは面白いのです。

「やってよかった！」と思えるから、人は成長するのです。その思考を身につけて、次の章に進んでください。

3章の実践

情報の「ノイズ」を排除する

3章では、意思決定に必要な情報の中に紛《まぎ》れる「ノイズ」について説明しました。

人は、すべてを知ることはできませんし、自分が知らないことを他者は知っているのです。

だから、他者からの情報は重要です。

組織においては、部下やメンバーからのボトムアップによって、情報が集まります。

ただ、何が情報で、何が情報でないか。

それを見分ける必要があります。

ノイズ

上司と部下とのコミュニケーションでは、何が「ノイズ」かを見極めましょう。

■「先方に提案するメールは、こういう長めの文章でよろしいでしょうか?」

という話を受けると、つい相談に乗ってしまいたくなります。

新入社員であれば、最初の確認は必要かもしれませんが、いつまでも確認すべき事案ではありません。

部下のメールを確認して、「過去に自分がやってしまった失敗」を見つけて、

■「この方法はよくないよ」

と言ってしまうのは、よくあることです。

しかしこれは、部下の失敗の経験を奪ってしまう行為です。

もちろん、リスクの大きい提案であれば、上司の許可が必要です。

しかし、日常の業務においてなら、それは現場に任せる。

ある程度の失敗を経験させる。

部下からの相談を「ノイズ」として判断する場面もあるのです。

■「集客のためのイベントを定期的に開催しています。タスクが多くて忙しい上に、集客効率の悪いものも多発しています。対応していただけませんか？」

という情報が来るとします。

この場合、「タスクが多くて忙しい」というのは、個人の感想なので、ノイズとしスルーすべきことです。

大事なのは、「集客効率の悪いイベントがある」ということです。

この場合なら、

■「ある一定の集客が見込めないイベントは中止すること」

という意思決定ができます。

もちろん、それ以外のメリットがあるのであれば、イベントを続行させる意思決定もあるでしょう。

いずれにせよ、感想ではなく「事実」と向き合う必要があるのです。


職場では、つねに多くの情報が行き交います。

感想レベルのノイズは、スルーする。

決定的な事実があるものは、意思決定者が責任を持って対処する。

その2つでしか問題解決はしないのです。

「相手を説得しようとしない」というスタンスでいることのほうがメリットは大きいです。

自分が向き合うべき「事実」だけを見る。

時間も労力も、リソースは限られています。

たとえば、組織の中の「営業」と「開発」の部門間で会議をおこなうとします。

よくあるのが、両方の部長や課長を集めて、大勢での意思決定をおこなってしまうことです。

ただ、人数が多くなると、「ノイズ」は増えてしまいます。その場合、

■「2つの部門長の上司が意思決定者となり、会議の参加者は部長のみに絞り、課長以下からは情報提供のみをしてもらう」

というように運営するといいでしょう。同じものを見ていても、「立場によって意見が変わる部分がある」ということも受け入れておかないといけません。

それぞれの責任が異なるから、意見が異なるのは当然です。

その立場に応じて判断をするということです。

相手の言っていることが納得できないなら、ワンクッション、「この人は、どの立場にいるのか?」を想像することは可能です。

その一呼吸により、「感情」を切り離すことができます。

ノイズ

物事には、さまざまな捉え方があります。

その人の「主観」が絡んできます。その主観の裏側にある「事実」をあげなくてはいけない。

そうした事実が意思決定の判断材料となるのです。

■個人の主観を明らかにする

■数字を押さえる

など、曖昧な表現を特定するようにしましょう。

根拠になっていない情報に対しては、「本当に?」「なぜ?」「何回?」ということを問う。

「なぜ?」と言われたほうも、初めてちゃんと考えるきっかけになったりするものです。そうやって疑ってかかりましょう。

第4章

「勇気」としか言いようのないもの

――「不確実性」再び

「わからない」ということを認めるのは怖い。

バカにされたくないから、知ったかぶりをしたくなる。

ただ、世の中はハッキリと白黒がつくものばかりではない。

わからないのを誤魔化すために「検討」という言葉を使っていないか。

そうではなく、堂々と「わからない」ということが言えているか。

この2つは、同じように見えて全然違うのだ。

頭のいい人が正しいとは限らない

「理論」は偉大です。
そのとおりに実行ができれば、必ず成果が出るからです。
しかし、そこには限界があります。そんな話をしましょう。

起業したときの正直な気持ち

1~3章でも、これまでの私の本でも、「理論」を前提とした話をしてきました。

不確実性

必要に応じて、バイアスなどの知識についても共有しました。
ただ、**「意識し続けること」を強いるには限界が出てきます**よね。

私自身、26歳のときに大企業を辞めました。
また、35歳のときには起業しました。

このとき、もちろん「理論」で考えた部分はあります。
ただ、それが100%かというと、そうも言い切れないのです。
92ページのテストの例にも通じますが、
「ここから先はわからない」
という壁が出てきます。
リスクを取らないといけない領域があるのです。

「精神論でしかない」という部分

ここで、「**不確実性**」というキーワードが大事になってきます。

本書を読んでいる人は、おそらく慎重な性格の人が多いのではないでしょうか。

「不確実性からは逃げられない」

ということは何度繰り返しても足りないくらい、説明しないといけない。


本書はできるだけ精神論を排除したつもりでいます。

でも、そうしても、

「**ここは精神論でしか語れない**」

という部分に行き着きます。


意思決定は、ある程度までは「理論」で考えることができます。

しかし、**最後の最後は「勇気」の部分が残ってしまう**ということです。

「やってみないとわからないところがある」という諦めの気持ちを認めないといけない。

私が大企業を辞めたり、起業したりしたときの正直な気持ちを語ると、

「このまま動かないことのほうがリスクだ。でも当然、確実にうまくいく確証はない。だから最後は勇気を出して決断するしかない」

と思ったのです。

誰かに言われたわけではなく、自分でそう考えた。

そうとしか考えられなかった。

だから、動いたのです。

もちろん、一時的に安定した給料を手放すことにはなります。

しかし、そのリスクを負ってでも大きなリターンを取りに行きました。

その結果、「識学を1日でも早く社会に浸透させたい」というビジョンが定まりました。

それに向けて自分が動かないほうがおかしいと思えた。それが正直な気持ちです。

「意思決定の後に正しくする」という順番

120ページのPDCAのシングルループでも述べたように、何かを決めた後は、実行するフェーズに移ります。

その上で、触れておかないといけない勘違いがあります。

「意思決定の真実」について

前項で私の転職や起業の話をしました。

どんな人にも、

「**あのとき、あれがターニングポイントだった**」

という瞬間があると思います。

一か八かだったけど、やってみてよかったと思える瞬間。

それは誰にでもあるでしょう。


では、本当にそれは「決める瞬間」が大事だったのでしょうか。

じつは「決めた後」が大事だったのではないでしょうか。


こんなことを書くと、本書のテーマを否定しているように思うかもしれません。

しかし、それでも真実を語らないといけない。

そう……、

決めることが大事です。

ただ、

決めた〝後〟も大事なのです。

それを言ってしまうと、これまで本書で述べてきたことは何なのか、と思うかもしれません。

だから、順番的に4章で述べたのです。

ここまで1～3章の話を理解してもらった上で、「勇気」という精神論をはじめて語ることができるのです。

「ターニングポイント」の実態

先ほど使った、「ターニングポイント」という言葉には、ある特徴があります。

それは、「**後から決まる**」ということです。

最初の意思決定の段階では、まだターニングポイントかどうかはわからない。

そこには時間が必要になります。

その後の実行によって、その意思決定に「意味づけ」がなされるのです。


うまくいったら、「あれがターニングポイントだった」と意味づけをして、堂々と語る。


失敗したなら、次に生かすように、修正をして、それも堂々と語る。

それが正しい順番です。


世の中にある成功物語は、突き詰めてみると、ほとんどこの構造でしょう。

もちろん、ここまで述べたように、情報を見極めることは必要です。

失敗を想定してシミュレーションすることもやるべきです。


しかし、最後の最後は「勇気」だけが残る。

「**あとは実行して、何とか成功に持っていくしかない**」

という真理に達するのです。

「勘です」と言ってしまえばいい

「考えうるリスクについて、考え尽くした」その段階に至ったのなら、あとは「**経験**」するしかありません。

経験したことは語れる

社会人を続けていると、使えるお金の金額が大きくなっていくことを体感するでしょう。

最初は1万円や10万円でも、自分が使うとなると緊張していたはず。

それが、仕事の大きさに応じて、100万円、1000万円、1億円の予算を扱っていくようになる。

徐々に「**この金額だと、こういうことができるようになるのか**」ということが実感として理解できていきます。


ということは、いくら頭の中でシミュレーションしても、深い理解がやってこないということです。

目を瞑《つむ》って想像すれば、誰だってバンジージャンプを飛ぶことができる。

しかし、それと、いざ実際に飛ぶことは異なるのです。


どうしたって、**自分が経験したことしか語ることはできません。**

説得力も生まれません。

それは仕方のないことなのです。

「勘に頼る」という領域

責任を引き受けて、根拠が少なくても、自分の権限において、意思決定すること。

それを本書で勧めてきました。

最終的に、**「勘を頼る」**ということであれば、それはそれでいいのです。

そのとき、

「最後は勘です」

ということをハッキリと明言するのがコツです。

そこを曖昧にしない。

「申し訳ないが、ここから先は勘です。やってみないとわからない」

と、口に出して決めることです。


たとえば、天気予報で「降水確率30％」と出ているとします。

これは、情報として事実です。

では、それを受けて、傘を持っていくかどうかをどう決めるでしょうか。

最初に考えるのは、以前に同じ状況だったときを思い出すことです。

「前に降水確率30％のときに雨が降った」

という経験があるのであれば、傘を持っていく判断ができます。

もし、逆の体験があるのであれば、持って行かなくてもいい。

どちらにせよ、それは仮説です。

もっと情報を集めたいのなら、

「他の天気予報を見る」

「専門家から意見を聞く」

などができるかもしれません。

しかし、時間は限られています。

そうなると、最終的には、「勘」ですよね。

そのときに、**「降水確率30％なので、それを受けて『傘を持って行かない』と判断**

しました」ということを堂々と伝える。

責任の所在を明らかにする。

賛否両論のままで決める。

そうやって、そのときの最善の解答を出すのです。

「言い訳」を論理的に捨てる

繰り返しますが、完璧な結論は出ません。

100%正しい結論なんて導き出せない。

いったん結論を出すということ。

それが間違える可能性があるということ。

そして、もし間違えたとしても、**反対意見を言った人の立場が偉くなるわけではないということ。**

事実に基づいて意思決定をしていれば、どんな思考だったかを振り返ることができるはずです。

そして勘の部分は、「勘だ」と言う。
そこに言い訳の余地はありません。

そもそも「言い訳」は誰のためにするのでしょうか。
それは、おそらく「**自分を守るため**」です。
しかし、考えてみてください。
第三者の言い訳を聞きたい人は、この世にいません。
それがわかっているはずなのに、自分のことになるとつい「言い訳」を言ってしまう。

それを言ったところで、事実は変わらない。
そのことを理論的に知っておくことです。

「断る」というときに必要な勇気

人は弱い。
だから、「先送り」してしまいます。

「あとで決めるよ」

と言って、**相手が忘れることを待つ**。
それが最悪の状態です。

期待させるほうが「悪」

「パーフェクトな意思決定をする」ということは、その時々の思いつきでまわりを振り回すことではありません。

ちゃんと「**ダメなものにはハッキリとダメ**」と言うことです。
そのときに、心理的な葛藤《かっとう》があるでしょう。

「部下からの提案を却下したら、辞めてしまうかもしれない」
「ダメと言ったら、パワハラになるのか？」

そんな葛藤です。
ただ、どちらもピントがズレています。
辞めることを考える必要がないし、パワハラでもない。

それよりも、**ヘタに期待を持たせて、先送りするほうが不親切です。**


「そのうちやるから」

と言って引き止めても、何もいいことはない。

後々、トラブルにもなりかねません。

それよりも、

「今の判断材料だけでは難しい」

ということをキッパリと言う。つまり、「**2 情報不足**」の箱に入れるということ。

そうすると、部下は次の行動に100%集中して移れます。

相手のためにも、ハッキリ断る勇気が必要だということです。

最低限のマナーはある

とはいえ、日本では、オブラートに包むことが求められます。

遠回しに言う必要はありませんが、最低限のマナーはあるはずです。

もし、相手の提案を断らないといけないときは、

「ご提案いただき、ありがとうございました」

という感謝は伝えるべきです。

それをセットにして、「ただ、今回は見送ります」という結論を伝える。

メールの場合、長々と言い訳や理由を書きたくなるかもしれません。

しかし、**できるだけ早めに、「ノー」を伝える。**

それが本当の優しさなのです。

タイミングで判断は変わる

また、意思決定はタイミングもあります。

環境や条件が変わることで、判断が変わる可能性だってあります。

「あのときはダメって言ったじゃないですか！」

という不毛な議論はしないことです。

一度、「ノー」と言ったことが、一生「ノー」であり続ける必要はありません。

そこは、「**考えが変わった**」ということを堂々と言えばいい。

その柔軟性があるからこそ、「パーフェクトな意思決定」たりうるのです。

私たちは、つねに「不確実性」の中を生きているわけです。

意見が変わることは十分にあり得ます。

そのことを覚えておきましょう。

人によっては、それを「ブレている」と言うかもしれません。

しかし、**本人の中に「一貫性」さえあれば、別に気にすることではありません。**

それに対する第三者の理解は必要ないのです。

ここが、「リーダーは孤独だ」と言われる所以《ゆえん》かもしれません。

不確実性

「責められる人」にこそ価値がある

2〜3章で述べたように、メリットとデメリットを比べる。
どちらがより大きいのかを決める。
そして最後の最後は、「勇気」しかない。

要するに、順番の話です。

最初に好き嫌いや感情で決めることは、あってはなりません。

最初は論理的に情報を検討します。


嫌いな人が言っている意見も、正しいのなら採用する。

好きな人が言っている意見でも、ノイズならスルーする。


そうやって、できるだけ客観的な事実を集めます。

その上で、両者を比べて、最後の最後は「勇気」です。

ここで責任者であるリーダーの役割が出てきます。

これはコンピューターではなく、人間にしかできない。だから、「面白い」のです。

「自信」という言葉に逃げるな

不確実性のある判断には、「占い」に頼りたくなる。

あるいは、メンターを求めたくなります。

それは、**意思決定の重圧に耐えられないから**かもしれません。

とはいえ、「過去のやり方でいいや」「惰性でいいや」という誘惑に負けるわけにはいきません。

「自信」という言葉は取扱注意です。

なぜなら、メリットやデメリットを考える前に「根拠のない自信」という言い訳で考えることをやめてしまうからです。

だから、「まあ、大丈夫でしょう!」と、最初から楽観的に決断をしてしまいたくなる。

しかし、それは、意思決定ではありません。

自己正当化する態度は、自信があるとは言えません。

自信満々に「Aに間違いない!」と言うことではない。

「私はAだと思う。デメリットもあるし、失敗するかもしれない。しかし、それでもAにします」

ということを認める強さ。

その後、「間違えたことを認める」という勇気。

そのほうが重要です。

安易に「自信」という言葉に逃げないようにしましょう。

「うまくいくと思ったよ」と言わせよう

あなたの意思決定において重要なのは、「賛成する人の人数」や「全員の同意」ではありません。

ちゃんと正しい事実を見て、それに基づいた思考をして、そのとき、自分が正しいと思える判断をするかどうかなのです。

54ページでも述べたように、人は「**後出しジャンケン**」をします。

ということは、成功したあとにも、

「自分はうまくいくと思っていた！」

と言い出す人がいるということです。
様子見をする人がいます。
その人をスルーして、物事を前に進めたとします。
その結果、うまくいけば、**評価は簡単にひっくり返るのです。**
結果に人はついてくる。

スタート地点での人気獲得や全員の理解を得ようとしないこと。
最初に賛同してこなかった人に、

「私はうまくいくと思ったよ」

と言わせましょう。
それに腹を立てたりする必要はありません。
むしろ、**責められる人にこそ価値がある**のです。

責任に応じて意思決定をし、結果を出すことこそが正義なのです。
それができる人から、組織内で上の立場になることができます。
逆に、後出しジャンケンをする人は、いつまでも同じ位置に残り続けます。
どちらになりたいかは、あなたが決めればいいでしょう。

もう一つの「勇気」について

「決める」というときに勇気が必要になりますが、もう一つあります。
それが、「**認める**」という勇気です。

環境が人を変える

まず、決断をし、前に進み、間違っていたときに、それを認めて、次なる決断ができるのです。

この「間違いを認める」というときに、「勇気」としか言えないものが必要になります。

「間違いを認める」ということは、本当に難しいことです。

しかし、それをしない限り、現実と向き合うことはできないのです。

このときに、なぜ「勇気」が持てないのでしょうか。

それは、自分が正しくないと、**「自分が価値のない人間だ」と思ってしまう**からでしょう。

そういう環境で育ってしまうと、間違いを認めることができなくなります。

「失敗を責められた」

という親や教師、上司のコミュニケーションによって、「認める」という選択を奪われているのです。

だから、**いまの組織での環境が大事です。**

不確実性

個人の間違いを受け入れてくれる。
組織の間違いを受け入れてくれる。

そういう環境であるかどうか。
自分の作っているチームがそうなっているかどうか。
それさえ押さえていれば、組織は大丈夫です。

ルールによって仕組み化する

失敗を許容するためには、無機質なルールに置き換えるのが効果的です。
絶えず勇気が必要になってしまう。
だから、隠そうとしてしまうのです。

「**淡々と確認する**」というルールを作っておくのです。

人はうまくいくと自分の手柄にする。

失敗すると他人のせいにする。


その本能に抗《あらが》わないといけません。

だから、評価者である上司が、

「**次はどうしますか？**」


と粛々と確認する態度が求められます。

感情で評価するのではなく、あくまで確認です。

もし、何度繰り返してもうまくいかないなら、それは「**やり方を変えろ**」というメッセージです。


自分のやり方が間違っていたことを認めるのは、本当に難しいものです。

それは、「自分のイメージが壊れてしまう」からでしょう。

不確実性

ガッカリされると思うし、恥ずかしいと思う。
そんな感情のせいです。

失敗を隠したくなる気持ちを、さらに隠す必要があります。
失敗を認めないと、学ぶことができません。
そして、さらに悪い結果を引き起こしかねません。
だからこそ、感情を排除した理論が必要になるのです。

「楽観的か、悲観的か。どうあるべきか？」

そんな質問を受けます。
その答えは、どちらでもあるし、どちらでもない。
その場その場で、どちらにも見えることがあるというだけ。
つねに冷静に事実と向き合うしかないのです。

「勇気」のハードルを下げる方法

さあ、意思決定における「勇気」のフェーズがきたとします。

54ページで述べた「**後出しジャンケン**」に、もう一度、向き合うときです。

そこでのハードルを下げる方法を紹介しましょう。

「重大な意思決定」との向き合い方

決めやすいものには、ある特徴があります。

それは、**「やり直しが利《き》くかどうか」**です。

つまり、どれだけ重大かどうかが意思決定の難しさに直結しています。

「結婚相手を決めるとき」
「どこで働くかを決めるとき」
などがそうでしょう。
かなり重要な選択になります。

もし、やり直しが利くのであれば、意思決定の3つの箱では、**「1 即決」**に入れるべきです。

やり直しが利かず、「重大さ」が大きいのであれば、**「2 情報不足」「3 期限を設定する」**に入れる。

コストの計算くらいであれば、すぐに取り掛かることができるはずです。
しかし、情報を集めれば集めるほど、タイミングを逃すことにもなる。

ある程度なら時間をかければメリットがある。

ただ、時間をかければかけるほど、チャンスを失う可能性も出てきます。


「結婚すべきかどうかを先送りし続けていたら、フラれてしまった」

「内定を承諾すべきかどうかを検討していたら、見送りになった」


選択肢がなくなってしまう前に、きちんと「期限」を設定することが大事なのです。

1つの「小さい決断」を入れる

仕事において重大な意思決定が必要なとき、どうすべきなのでしょうか。

おすすめは、

「リスクの低い実験をする」

ということです。

工場で製品を作る前には、必ずテスト版の「試作品」を作ります。

それをもって、試供品を配り、反応を確かめたりすることができます。

あなたが読んでいる本書も、印刷の前に「見本」を作っています。

それは致命的な印刷ミスなどを回避するためです。

そのように、重大な決断の前に、１つ段階を入れることで、意思決定の「勇気」のハードルが下がるのです。


ただし、ここでもバイアスがある。

「せっかく試したから、もう引き返せないのでは？」

という思い込みです。

これは間違いです。

引き返せる段階だからこそ、試すのです。

試した結果、「やめる」という意思決定をするのも、勇気が必要になる。

前に進めると、必ず勇気は伴うのです。

そもそも「意思決定」をするために働いている

意思決定をすることは、ビジネスパーソンの醍醐味《だいごみ》です。
本書の「パーフェクトな意思決定」を実践できれば、素早くキャリアを積み重ねていけることでしょう。

本書はあくまで方法論を授けたのみ。
これを受けて、あなた自身の意思決定のプロセスを構築していくことが必要です。
これまで述べたように、「**勘**」**というもの**がある。

そこを磨くということです。

数をこなして勘を鍛える

たくさん意思決定をした人は、振り返ってみてください。
そのうち、いくつが成功だったのか。
おそらく、予測したとおりに成功したことは、半分以下だったのではないでしょうか。
想定していなかった運の要素もあったはずです。

「やってみないとわからない部分がある」

と、振り返ることによってわかる。
そうかといって、やみくもにやったほうがいいとは思えない。
その境目を、経験によって知ることでしょう。

それが積み重なって「勘」と呼ばれるものが形成されていくのです。

「ヒューリスティック（発見的手法）」という概念があります。
意思決定において、経験による直感で素早く決めることを言います。

もちろん、本書で述べたように、仮説を立てて論理的に考えることが第一です。
ただ、長く同じ仕事を続けることによって、言語化できない「経験」が積み重なっていくことは、働く上での醍醐味ではあります。

バイアスに気をつけて反対意見も取り入れながらも、「勘」を鍛えていく。
そして、ちゃんと結果を受け止める。
失敗したことであっても、深い学びが得られることがあるのです。
そのときには、「いい判断」をしたが、想定した結果が得られないこともある。
最善を尽くした結果、負けることもある。
だからといって、絶望しないことです。

その次も、同じく最善の選択をする。

その姿勢を崩さないことです。

4つのマトリックス

意思決定を続けていくと、2つの自分に気づくと思います。

「ちゃんと情報を元にして『いい判断』をした」

「めんどくさくなってテキトーに『悪い判断』をした」

という2つです。

そのことは、**自分自身がいちばんわかっているはず**です。


さらにそれぞれに2つずつの結果があります。

いい結果が出るか、悪い結果が出るかです。

その結果を受け止めます。

要するに、次の「**4つのマトリックス**」に分かれます。

1 いい判断によって、いい結果が出る
2 いい判断によって、悪い結果が出る
3 悪い判断によって、いい結果が出る
4 悪い判断によって、悪い結果が出る

もちろん結果は大事です。

では、「1」と「3」は同じなのでしょうか。

違いますよね。

3つ目の「悪い判断によって、いい結果が出る」ということを過大評価してはいけません。

それを自分の実力だと勘違いすることほど、恐ろしいことはない。


ビジネスでは、まぐれが当たることがあります。

それは、テストでテキトーに答えたことが当たってしまうようなもの。

そのまま放置してしまうと、次に同じ問題に出会ったとき、再現することができませんよね。

そして、**自分がコントロールできるところは、やはり「判断」しかない**のです。

つねに「いい判断をしよう」というスタンスでいることが大事です。

だからこそ、「パーフェクトな意思決定」が重要になるのです。

悪い結果だったからといって、消極的になる必要はありません。

以上が、意思決定で押さえておくべき「勇気」の話です。

精神論も含まれていましたが、それは1～3章を踏まえたからこそ伝えられることだということを忘れないでください。

4章の実践

「不確実性」に向き合う

「理論」は偉大で、そのとおりに実行ができれば、必ず成果が出ます。
しかし、そこには限界があります。
リスクを取らないといけない領域があるのです。

経営層は、組織改変をおこないます。
それは、会社においては重大な決断でしょう。
その意思決定は、ある程度までは「理論」で考えることができます。
しかし、最後の最後は「勇気」の部分が残ってしまうということです。

たとえば、営業部門とマーケティング部門を分離するような意思決定です。

それまでは、営業とマーケティングを同じ部門で取り組んできたとします。

ただ、組織が拡大し、受注が落ちてきたタイミングで、それを解決する手段として、「部門を分ける」という決断をおこなうとします。

■「密なコミュニケーションが取れなくなる」
■「営業とマーケティング、どちらもできて一人前の会社員になる」

など、現場からはネガティブな意見が出てくるでしょう。

それに、部門を分離したからといって、100％成功するとも限らない。

その「不確実性」に向き合うことが求められます。

上に立つ人が、

■「新規受注の回復を優先させるため、部門を分けます。来期の目標は新規受注の50%アップです」

ということを堂々と伝える。

その責任を引き受けることです。

どんな組織でも、「あのとき、あれがターニングポイントだった」という瞬間があります。

最初の段階では、まだターニングポイントかどうかはわからない。そこには時間軸が必要になる。

うまくいけば、「あれがターニングポイントだった」と意味づけができて、失敗したら、次に生かせばいい。

それが正しい順番なのです。

チーム内で全員に同じ責任と権限を与えているとします。

ただ、個々の成果はバラバラになっている。

その場合、

■「成績が上位のものには、より大きな責任と権限を与えることによって、チーム全体のパフォーマンスが上がるかもしれない」

という仮説を立てられる。

それなら、それを実行してみることです。

一定数、メンバーからは不満が出るかもしれません。

しかし、それでも決断してやってみる。

その意思決定は組織として尊重しないといけないのです。

どうしたって、自分が経験したことしか語ることはできません。

説得力も生まれません。

それは仕方のないことなのです。

最終的に、「勘を頼る」ということであれば、それはそれでいい。

そのとき、「最後は勘です」ということをハッキリと明言するのがコツです。

そこを曖昧にしない。

「ここから先はやってみないとわからない」と、口に出して決めることです。


また、意思決定はタイミングもあります。

環境や条件が変わることで、判断が変わる可能性だってあります。

「あのときはダメって言ったじゃないですか！」ということは持ち出さないことです。一度、「ノー」と言ったことが、一生「ノー」であり続ける必要はない。

「考えが変わった」ということを堂々と言えばいい。

しなやかさがあるからこそ、「パーフェクトな意思決定」たりうるのです。

自分の中に一貫性があれば気にしなくていい。

あなたの意思決定において重要なのは、「賛成の人数」や「全員の同意」ではありません。

人は「後出しジャンケン」をします。

ということは、成功したあとにも、「自分はうまくいくと思っていた！」と言い出すということです。

うまくいけば、評価は簡単にひっくり返るのです。

最初に賛同してこなかった人に、「私はうまくいくと思ったよ」と言わせましょう。

それができる人から、組織内で上の立場になることができます。

終章

「決めない者」の末路

あなたが1日に触れる情報量は、

平安時代の一生分、江戸時代の1年分だと言われる。

この動きはもう止められないだろう。

「検討します」

ということで、立ち止まっている場合ではない。

ノイズに向き合うのではなく、意思決定をして前に進む。

その一瞬一瞬が、あなたを成長に導いていく。

誰かに決めてもらった人生

子どもの頃は、親になんでも決めてもらえます。

「ごはんは何を食べるか」
「服は何を着るか」
「どこに住むか」……

あるいは、教師や友達の言うとおりにして決めることもできる。

「進学か、就職か」

「文系か、理系か」

「国公立か、私立か」

「実家暮らしか、一人暮らしか」……

なぜ決めたのかと言われたら、

「まわりに合わせて、なんとなく」

としか言いようがない。

そんな生き方をしてきたかもしれません。その惰性による選択に向き合って、本書を終えましょう。

「なんとなく大企業」という自分

私自身、最初の就職活動はそうでした。

大学でラグビー部に入り、まわりに合わせて大企業を中心に就職活動をし、内定が出た会社に入りました。
誰もが知っている大企業だったので、親も友達も喜んでくれました。
1年目、2年目、3年目と順調に仕事をこなしていました。
決定的な不満はなく、楽しく働いていたと思います。
ただ、4年目にふと気づきました。

「このままでいいのか？　いや、このままじゃ自分がダメになる！」

そして、辞める決意をしました。
安定して働くことより、もっと早く成長することを選んだのです。
まわりからは、もちろん反対されました。

「せっかく大企業に入ったのにもったいない！」
「せめて30歳までは辞めないでいたら？」

そう思う気持ちはわかります。

私も、もし友達に同じことを言われたら、反対していたかもしれません。

しかし、**自分で決めたから、その意見はスルーしました**。

それが、社会人になってから、間違いなく初めて、ハッキリと「意思」を持った瞬間でした。

「大きな責任」を求めて

2社目に選んだ会社は、大企業ではありません。

そこでは、実績に応じて、どんどん大抜擢《だいばってき》の人事をおこなってくれたのです。

おかげで、30歳を前にして、社内のナンバー3の立場にまで上り詰めました。

その年齢で経営者に限りなく近いところで働くことができた。

その経験は大きかった。

ただ、それでも満たされない思いは出てきます。

「やっぱりトップじゃないと決められないことがある」

そのことに気づいてしまいました。

もっと大きな責任を負って、大きな仕事をしたい。

その思いに気づくことができました。

その後、独立し、株式会社識学を起業することになります。

思い返せば、私の場合は、大学選びやラグビー部に入ったことは、自分自身で決めたことでした。

だから、後悔がまったくありません。

じゃあ、うまくいったかというと、そうではない。

正直、ラグビーに関しては、上には上がいてレギュラーにはなれませんでした。

つまり、「**失敗**」**をしたわけです。**

そこだけを切り取れば、「体育会系の部活に入らないほうがよかったんじゃない？」と思うかもしれません。

しかし、**自分で決めたのだから、「反省」や「修正」をすることができます。**

そこでの気づきは、

「自分で自分に努力の限界を決めてしまっていた」

という失敗でした。

「これ以上は頑張れない」という壁を、自分で勝手につくってしまっていたんですよね。

その気づきは、今では財産です。

「変化意思」を持とう

こう書くと、会社を辞めて独立することを勧めているように感じるかもしれません。

そうではありません。

別に、今の会社を辞めることだけが、意思決定ではない。
「残る」という意思決定をしても、もちろんいいのです。
ただ、**誰かに決めてもらうことはやめたほうがいい。**

「自分で今の仕事を選んだ。だから、もっと成果を出したい」
「自分で今の会社を選んだ。だから、もっと大きな仕事をしたい」

そこを起点にすれば、今の場所で自分の人生を生きられます。

識学では、**「変化意思」**という言葉を使っています。
「変化意思」というのは、書いて字のごとく、「変わりたいと思うこと」です。
「このままではダメだ」と気づくことでもあります。

じつは、それを持つだけでも進歩なのです。
そもそも、その「変化意思」がなければ、何を経験しても、学びに転化しません。

だからまずは「変化意思」を持つ。それだけでいい。
そこから、自分の人生は始まります。

「安全地帯」はない

逆に、「何もかも第三者に決めてもらう」という決断もあるかもしれません。
たしかに、そういう人生もあるでしょう。
ただ、一つ勘違いしてはいけないことがあります。
それは、
「決めないからといって、すべての責任から逃れられるわけではない」
ということです。
安全地帯なんてないのです。
誰かが決めたことに従う代わりに、その立場で果たさないといけない責任は生じます。
権限を持たずに、誰かの指示に従い続けるという責任です。

それが嫌なら、「変化意思」を持つことです。


どんなに些細《ささい》なことでも、「決める」ということで目標ができます。

ゴールが決まり、そこに向かうことができます。

そこから逆算して不足が見えます。

たとえ、結果的にゴールが達成できなくても、不足を受け止めるだけで、すでに成長は始まっています。


つまり、**意思を持った時点で、**「**勝ち**」なのです。

いつだって「後悔しない選択」をするしかない

「後悔」という言葉があります。

「やった後悔」と**「やらなかった後悔」**があると言います。

死ぬ前にする後悔は、後者の「やらなかった後悔」です。

「パーフェクトな意思決定」が理解できていないと、「なんとなく選択する」という人生を送ります。

その結果、「やらなかった後悔」が残る。

これが人生最大の後悔になってしまうのです。

感情のままに生きると、必ず「やらなかった後悔」になるのです。

だから、意思を持つ。

前項の「**変化意思を持つ**」ということです。

「やった後悔」の種類

「やった後悔」にも2パターンが考えられます。

「**やりたいことをやった後悔**」と「**やりたくないことをやった後悔**」です。

ただ、やりたいことをやったことで後悔するなんて、実際に思いつくでしょうか。

おそらく、そんなものは理論上、存在しません。

ただ、「やりたくないことをやった後悔」ならありますよね。

それは、「**ノー**」**を言えなかった後悔**です。

「断れずに誘いに乗ってしまった。時間がもったいなかった」

「なんとなく空気に負けてしまった。あのとき言えば、失敗しなかったのに」

「何も言い出せずに時間が経ってしまった。その後悔でモヤモヤする」……


断らないといけないときは、ハッキリと「ノー」を言う。

それをしないことにも「後悔」がおとずれるのです。

先ほどの私の話でいうと、「なんとなく大企業でいいのか？」ということ。

そして、「なんとなく経営者に言われることだけをしていればいいのか？」ということです。

だから、本書では、**「ノー」を言う勇気**についても触れました。

「その決断」が未来をつくる

後悔をなくすことなんて、果たしてできるのでしょうか。

ためしに、10代の頃の判断を振り返ってみましょう。

きっと、「あの頃はおかしかった」と笑い飛ばせるはずです。

いまのあなたには、大人としての視点がある。

当時は「これが大事だ」と思っていたことが、今では「どうでもいい」と思える。

時間が経ったことにより、感情より理性が勝るのです。

だったら、今からの意思決定は、できるだけ「未来からの視点」でおこなうことです。

難しいかもしれませんが、数年後の自分が後悔しない選択をする。

そのための「ちょっとした勇気」を出す。

一度、出した勇気は、「仕組み」のように、もう一度できるようになります。

「はじめに」で述べたように、日々のちょっとした決断の連続によって、個人や組織は変わっていきます。

一発逆転は、早々起こりません。

高額な買い物で得た満足感は、すぐに落ち着きます。

それよりも、日々、使うものによって満足を得続けるほうがいい。

やはり、**今日1日の意思決定を大事にすることから始めるしかない**のです。

その決断が、未来を作ります。

「可能性」にはキリがない

人生には、「**トレードオフ（両立できない関係性）**」が問われるときがあります。

それは、選択肢の中から1つを選んだとき、他の選択肢を捨てないといけないような場面です。

結婚相手を1人に絞ったり、内定先を数社からもらっていて1社を選んだり……。

人生ではトレードオフの場面が何度か訪れます。

トレードオフの場面で選んだものは、あとから後悔しても何の意味もありません。

もし、その選択をしなかったら、事故に遭って死んでいたかもしれない。

もし、第一志望に受かっていたら、運命を変える人に会っていないかもしれない。

そういうリスクも含めて、今の自分がいるのです。

さまざまな世界線があるということです。

だから、「あのときああしていればよかった」と考える時間は、本質的に意味がない。

そう考えると、いま与えられた環境で、未来のことを考えるほうが大事ということに気づくはずです。

いかなるときも、そこに考えを切り替える。

そのきっかけとして、「**パーフェクトな意思決定**」という考えを思い出すようにしてください。

「なんとなく」を1つずつなくせ

いまの日本の閉塞感は、「なんとなく」という選択によるものでしょう。

一人一人が「なんとなく」の空気によって、「決めた気になっている」ということ。

それにより、空気に「反応」することしかできなくなっています。

SNSを見て、まわりの集団を見て、**「なんとなくこっちかな」と反応しているだけ。**

その結果、お互いがお互いの空気を読み合って、責任を回避しているように見えます。

本書は、その「なんとなく」を徹底的になくしていくための一助になるはずです。

『パーフェクトな意思決定』というタイトルに惹《ひ》かれ、「決めることの重要性」に気づけたなら、それはもう立派に、

「変化意思を持った」

ということだと思います。

まわりの空気に合わせても、誰も責任は取ってくれません。

私自身がそうでした。

空気によって「なんとなく大企業」を選択しても、私にとってはその後の成長は感じられなかった。

しかし、**意思を持てば、「生きる意味」は見つかります。**

そこに一貫性が生まれます。

「なぜ、自分がこれをやっているのか？」

という部分に、意味を持たせることができるからです。

そうして、人生の目標が定まっていくのです。

それを見つける第一歩が、今日、これからの行動についての**「意思決定」から始める**ということです。

まずは自分がどこに向かっているかを決めてください。

そして、**「なんとなく」を一つずつなくす。**

修正は後からいくらでもできます。

まずは「決めること」から。そこからやっていきましょう。

おわりに

「5回勝負して4回勝つ人と、100回勝負して60回勝つ人。ビジネスにおいて優秀な人はどちらでしょう？」

これは、私の著書『数値化の鬼』の中の一文で、ネット上でもっともバズった言葉です。

ここで言いたいのは、「確率」よりも「**行動量**」**が大事**ということ。

本書でいうところの、意思決定において重要なのが、「スピード」だということです。

「じっくり考える＝仕事をしている」と捉えられがちですが、そうしている間にも、ライバルには先を越されてしまいます。

情報は限られている。

時間も迫っている。

だから、「**いまある情報でどう決めるか**」。それが大事ということを、本書ではお伝えしてきました。


情報を集めて、すべてのデータが揃ってから決めるのでは、「もう遅い」ということです。

そして、不確実性のない100％の状態でなければ判断できないというのであれば、それはもう「人工知能」に任せて十分なのかもしれません。


そうではなく、スピードを重視し、不確実性のある中で、最後の最後に「勘」に頼る。勇気を出す。

それが、「**人間**」**のできる最後のこと**なのではないでしょうか。


だから、ビジネスは面白い。

本当に面白い世界です。

なぜなら、

「たった1回の決断ですべてが決まらない」

からです。

たくさん失敗をして、何度でも決断することができる。

先ほどのように、じっくり5回勝負するのではなく、素早く100回勝負できるということ。

そして、最終的に勝てば十分すぎるほどのリターンがくる。

ビジネスは、そんなフェアな世界です。

勝負しないほうがもったいない。

それに、リスクを恐れすぎるほうがリスクです。

心から、そう思います。

さらにビジネスでは、頭のいい人が勝つとも限らない。

「感情に流されない」ということを徹底できたものが勝つ。

つまり、**誰にでもチャンスがある**のです。

ぜひ、意思決定のスキルを身につけて、行動に移してください。


本書の読者の中には、20代の若い人もいると思います。

若い頃は、上の人の決定に納得がいかないこともあるでしょう。

組織に不満を持ち、出て行きたくなるかもしれません。

まずは、人や組織を動かそうとする前に、「自分で変えられる部分」を見つけてください。

本書で述べたように、

「**現場から上に情報を与えること**」

という権限は与えられている。そのチャンスは平等にあるはずです。

ただ、最終的には相手に委ねないといけないところがある。

その壁を越えるには、早く結果を出して、自分が責任ある立場になることです。

そのことを覚えておいてください。

また、30代以上であれば、管理職やマネジャー、チームリーダー層の読者の方も多いと思います。

ここで本書の中で思い出してほしい言葉は、

「あなたの評価者は外にいる」

ということです。

チーム内で人気を集めたり好かれたりすることを考えないということ。

上司からの評価やお客さまからの売上など、外からの評価を勝ち取ることを忘れないでください。

私自身、前職のときは、チーム内の評価を気にするあまり、部下たちからの「ノイズ」に振り回されました。

ただ、それらをスルーし、「事実」と向き合うことによって運営をすると、組織がうまく回ることに気づきました。

そして、**中間管理職が強くなることによって、組織全体がうまくいきはじめます。**

そのことを忘れないでください。

「属人化は麻薬だ」

これは、著書『とにかく仕組み化』で、もっとも「響いた」という感想が届いた言葉です。

組織の中で機能するためには、「属人化」ではなく「歯車」となることが求められるという意味です。

先ほども述べたように、若い頃は組織のルールに反発したくなるものです。

私のように、そんな不満をエネルギーに変えて、起業する人もいるとは思います。

その後、もし事業がうまくいったとして、人を雇って組織を大きくするタイミングがおとずれます。

そこで雇った人があなたに反発したとき、

「あの頃の自分はこういう姿だったのか」

と、その未熟さに気づくはずです。

「歯車」として、言われたことを忠実に一生懸命に取り組んでくれる「組織」のありがたみが、痛いほどわかるはずです。

個人というのは、弱い。

ただ、**1人1人が束になって「組織」になることで、強さを発揮する。**

ビジネスには、「突出した能力」は必要ありません。

惰性に逃げずに、早く決める。

すぐに判断する。

「**スピード**」がすべてです。

私自身、優れたスキルがあるわけではないと思います。

たくさん失敗をしました。

撤退した事業もいくつかあります。

ただ、意思決定に時間をかけすぎなかったことや、不確実性を選びとったから、いまの立場が得られたのは間違いありません。

ぜひ、この本を読んでいるあなたにも、「意思決定」のスキルを学び、その威力を実感してもらいたいなと思います。

さて、本書は、前作の識学シリーズ三部作の新章として書き下ろしました。

プレーヤー時代は『数値化の鬼』を、マネジャー1年目には『リーダーの仮面』を、さらに上を目指していくには『とにかく仕組み化』を、それぞれ読んでいただくことで、組織のピラミッドは完成します。

その3冊のキーワードを、あらためて、ここで紹介しておきます。

まず、仕事ができるプレーヤーになる（『数値化の鬼』のキーワード）

1 「行動量」→自分の行動の数を正確に数える
2 「確率」→割り算による安心感のワナに気をつける
3 「変数」→仕事の中で何に集中するかを考える
4 「真の変数」→ムダな変数を削り、さらに重要な変数に絞り込む
5 「長い期間」→短期的と長期的、2つの軸で物事を見る

そして、マネジャーへと頭を切り替える（『リーダーの仮面』のキーワード）

1 「ルール」→場の空気ではなく、言語化されたルールをつくる

2「位置」↓対等ではなく、上下の立場からコミュニケーションする
3「利益」↓人間的な魅力ではなく、利益の有無で人を動かす
4「結果」↓プロセスを評価するのではなく、結果だけを見る
5「成長」↓目の前の成果ではなく、未来の成長を選ぶ

最後に、人の上に立ち続ける（『とにかく仕組み化』のキーワード）

1「責任と権限」↓決めたことを守り切るようにする
2「危機感」↓正しい恐怖を感じ続けるようにする
3「比較と平等」↓正しく人と比べる環境を整える
4「企業理念」↓自分がどこに向かっているかを迷わない
5「進行感」↓他者と大きなことを成し遂げる

以上のキーワードが、あなたが組織で働くうえで身につけてほしいことです。

どんなに時代が変わっても、「**仕事で結果を出すこと**」「**人をマネジメントすること**」「**組織を大きくしていくこと**」という3つの原理原則は変わりません。

そして本書は、その大前提を押さえた上で、さらにビジネスパーソンとして必要な「ビジネス・マインド」を説く新シリーズです。

その第一弾として、「意思決定」を身につけていただければと思います。

さて、この本でいちばん伝えたかったことを最後にあらためてお伝えして、本書を終えましょう。

それは、終章で紹介した「**変化意思**」という概念です。

「自分はこのままではいけない」と思った瞬間。

その時点で成長しています。

「よし、変わろう！」と決めるだけ。

それでいい。

何も損することはありません。

特別な能力もいらない。

エクセルも、統計学も、ＭＢＡも必要ない。

ただ決める。

そして、決めるための考え方を持っているかどうか。


あとは、自分の人生を生きてください。

本書の存在が読者のみなさまの背中を押し、たくさんの勇気ある決断がこの世に誕生すること。

それを心から願っています。

安藤広大

［著者］
安藤広大（あんどう・こうだい）

株式会社識学 代表取締役社長
1979年、大阪府生まれ。早稲田大学卒業後、株式会社NTTドコモを経て、ジェイコムホールディングス株式会社（現：ライク株式会社）のジェイコム株式会社で取締役営業副本部長等を歴任。2013年、「識学」という考え方に出合い独立。識学講師として、数々の企業の業績アップに貢献。2015年、識学を1日でも早く社会に広めるために、株式会社識学を設立。人と会社を成長させるマネジメント方法として、口コミで広がる。2019年、創業からわずか3年11ヶ月でマザーズ（現：グロース市場）上場を果たす。2024年9月現在で、約4400社以上の導入実績があり、注目を集めている。著書に、シリーズ150万部を突破した『リーダーの仮面』『数値化の鬼』『とにかく仕組み化』（ダイヤモンド社）がある。

パーフェクトな意思決定
──「決める瞬間」の思考法

2024年 9 月24日　第 1 刷発行

著　者──安藤広大
発行所──ダイヤモンド社
〒150-8409　東京都渋谷区神宮前6-12-17
https://www.diamond.co.jp/
電話／03·5778·7233（編集）　03·5778·7240（販売）
ブックデザイン─山之口正和＋齋藤友貴（OKIKATA）
本文DTP──キャップス
校正────LIBERO
製作進行──ダイヤモンド・グラフィック社
印刷／製本─勇進印刷
編集担当──種岡 健

ISBN 978-4-478-12073-6